I0006318

Manual Básico OSINT
Primera Edición
Año 2023

Herramientas básicas de CiberInvestigación

AUTOR
José Ángel Duarte

OPEN SOURCE INTELLIGENCE – OSINT PARA TODOS

Manual básico e imprescindible para búsqueda y análisis de información online, para todas las personas que quieran adentrarse en el apasionante mundo de las investigaciones a través de internet.

Primera edición   Madrid, 2023

Autor: José Ángel Duarte   **ISBN:** 9798854810807
Sello: Independently published

TABLA DE CONTENIDO

El autor del manual es Ex militar y técnico especialista en Telecomunicaciones por el Ministerio de Defensa. Director Superior de Seguridad y Bachelor´s degree in electronic engineering (Ingeniería Electrónica).

Diplomado Superior Universitario en Investigación Privada por la Universidad Antonio de Nebrija. Dirigió varios años equipos de seguridad en organismos púbicos de Latinoamérica, y fue Asesor de la Presidencia en la Asamblea Nacional del Ecuador participando en sendas comisiones sobre la Ley de Recuperación de Capitales, análisis de datos políticos y retrospectivos entre otros.

Ha sido asesor en diferentes campañas políticas en Iberoamérica. Premio Internacional en Ciberinteligencia por la Asociación Nacional de Tasadores y Peritos Judiciales Informáticos de España (ANTPJI). Posee el premio 2021 a la mejor pericial internacional en ciberinteligencia sobre estafas online bancarias ramificadas.

Colabora con despachos de abogados internacionales; como Perito Judicial de la Función Judicial del Consejo de la Judicatura del Ecuador ha participado en sendas periciales de geolocalización entre otros. Profesor titular de INISEG en el curso de *Análisis de Ciberinteligencia Aplicada* (autor del mismo manual) en colaboración con la Universidad Complutense de Madrid.

Notas y Fuentes consultadas

Las fuentes consultadas y las anotaciones están descritas en cada página del manual, como referencias, en las que el lector podrá ver las fuentes originales, lugares donde hallarlas y su significado completo. Se ha considerado que de esta forma facilita al lector acceda a la información sin necesidad de cambiar de página.

A mis padres, por su apoyo siempre y creer en mis posibilidades a pesar de las adversidades, ganadas en las batallas de la vida.

A mi hermana, que es una de las personas más importantes de mi vida, gracias por venir al mundo.

A Cristina Muñoz, por su apoyo incondicional sin pedir nunca nada a cambio; persona que siempre ha estado a mi lado y en los momentos más difíciles, le dedico todo el cariño.

A mi amigo Francisco Moscoso, que siempre creyó en mí, y apoyándome desde que nos conocimos allá por el 2005, y una de las personas más preparadas y cultas que jamás me haya encontrado. A nuestro amigo Enrique que nos dejó hace algún tiempo...

A Manuel González, CEO de INISEG, luchador incansable y compañero desde hace varios años ya de la senda de la tan necesaria cultura de la seguridad y defensa, tanto pública como privada, y aunque aún queda largo camino por recorrer, observamos con satisfacción cada vez más conciencia, aportando nuestro granito de arena a la difusión de la cultura de Defensa dentro y fuera de España a través de la formación y la consultoría.

Qué Pretende El Manual

Pretende **acercar de manera práctica** el mundo de la inteligencia de recursos abiertos, y conformar **de forma básica desde la base** de la ciberinvestigación OSINT (*inteligencia de fuentes abiertas);* **el lector conocerá** las herramientas más eficaces y potentes de la ciberinteligencia que son las que conforman los primeros pasos en la obtención de información.

La formación académica y la observación profesional del entorno en donde se esté desarrollando un caso particular de investigación hará que cada analista tenga un campo de acción concreto y más definido para lo que usar OSINT; por ejemplo, un *operador de seguridad* necesitará técnicas más específicas para poder precisar qué personas acuden a un determinado lugar, recinto e incluso conocer con anterioridad particularidades de alguien que solicita un pase de seguridad, pero sin embargo para un técnico investigador de OSINT encargado de los RRHH de una empresa multinacional, usará más las herramientas en el campo de las redes sociales con toda probabilidad; si el candidato tiene dos o más perfiles, si tiene alguna foto o comentario inadecuado, o ciertamente incompatible con el puesto laboral que demanda, toda ésta información hace que el entrevistador pueda construir una imagen adicional del candidato que se presenta como postulante, antes incluso de la propia entrevista en sí.

Las posibilidades de uso de los parámetros con éstos superdatos o *"datos de los datos"* abren al investigador unas posibilidades únicas e inequívocas a la hora de hallar y gestionar paquetes de información de los vectores en internet, y no sólo en la Clearnet sino incluso en la Deepweb, o Darknet[1].

---

[1]Web profunda, informaciones no indexadas por los motores de búsqueda convencionales, se requiere un enrutador diferente, denominado onion (cebolla) debido a las capas compuestas por las que viajan los paquetes de datos de origen a destino pasando por varios routers.

En este manual básico, se presentará **FOCA y Maltego** como herramientas de fuentes abiertas, y **con capacidad para obtener y extraer información** de diferentes tipos de variables, como pueden ser: dominios, usuarios, nombres de usuarios, números de teléfonos, direcciones de correos electrónicos, nombres personales, o nombres de empresas, y otros elementos susceptibles de ser investigados como variables.

Se verá también parte de una de **las bases más necesarias** para la CiberInvestigación, que es **la técnica Dorking**, una técnica que permitirá al futuro analista, o investigador privado obtener directamente de los motores de búsquedas información sobre un determinado elemento o variable, mediante el uso de comandos avanzados sencillos que **el propio lector practicará escribiendo sus propios dorking.**

Algunos investigadores de ciberinteligencia podrán pensar que tanto FOCA como Maltego son sistemas de OSINT algo más avanzado, pero lo cierto es que actualmente son los sistemas más eficaces para realizar ciber investigaciones a tal punto que es usado por Fuerzas y Cuerpos de Seguridad del Estado en diferentes países de la Unión Europea, por supuesto en los EEUU también es usado con frecuencia para análisis de carteras de criptomonedas, por esta razón se verá de manera básica las herramientas mencionadas, y una vez se conozca lo elemental el lector podrá de manera autodidacta indagar más en estos programas OSINT.

El cometido principal del OSINT es la recolección y obtención de información de recursos abiertos, combinando fuentes de información de internet superficial o clearnet y de la internet profunda o deepweb. Esto no quiere decir que estén ahí indexadas al alcance de cualquiera, y que por el hecho de ser fuentes abiertas sean sencillas de hallar y fácil de explotar, así que el uso de las herramientas apropiadas o la modificación y/o creación de scripts[2] de software libre para nuestros cometidos es realmente práctico.

---

[2] Script, es un código informático que realiza una secuencia de órdenes para procesar por lotes. Normalmente en texto plano

Capítulos Prácticos

Capítulo 1: Prepara tu ordenador personal

El mundo disfruta de Internet como si se tratase de un juguete. Sin embargo, es el arma más poderosa creada por el hombre.

Rubén Serrano

La primera cosa que debemos hacer antes de empezar a realizar búsquedas, y adentrarnos en el mundo OSINT, es tener preparada nuestra herramienta de trabajo fundamental, nuestro ordenador personal; instalaremos todos los recursos que necesitaremos para llevar correctamente nuestras investigaciones.

Como buen especialista no dejaremos nada a los acontecimientos azarosos, sino que todo estaré perfectamente configurado antes de conectarnos a la red de internet, y tendremos en cuenta qué vamos a investigar y cuales son las variables, o variable[3] que debemos analizar, porque puede depender o hacer depender en ciertos aspectos nuestras primeras búsquedas y conexiones, como la dirección IP nuestra de salida, que la haremos ocultar con VPN o Proxy.

El comienzo esencial debe ser el A.V. (Antivirus), es una aplicación estrictamente necesaria y debe estar actualizada, sino tenemos una de pago, podemos optar por un A.V. gratis, si bien es cierto que para los usuarios de Windows pueden quedarse con el Windows Defender, aunque particularmente en mi opinión-
Usa demasiados recursos de nuestro sistema enviando datos de uso de nuestro ordenador, por lo que, para algunos entusiastas de la privacidad no sería el más recomendado. Yo recomiendo *Avast*[4], es uno de los más completos y serios que conozco, y la versión gratuita es muy completa, y no recolectan datos de uso del sistema, más los necesarios para el correcto funcionamiento del análisis de amenazas, y tienen para todas las plataformas a excepción de Linux. De igual forma la solución de *MalwareByte*[5], para protegernos ante los softwares maliciosos es vital, a veces hay expertos que recomiendan tener las dos opciones en el mismo sistema operativo, puesto que no corre en background[6], y debe el usuario intervenir para que realice el análisis.

---

[3] Denominamos así al término que el cliente nos facilita para la investigación, puede ser un dominio, un nombre de usuario, una dirección, número de teléfono, u otro término que defina el concepto.

[4] https://www.avast.com/

[5] https://es.malwarebytes.com/

[6] Funcionamiento por detrás de la interface gráfica del usuario

Además de todos estos elementos básicos, nuestro ordenador debe limpiarse cada veinticuatro horas o una vez cada siete días máximo, para eliminar contenido innecesario que acumulan los navegadores y aplicaciones, una aplicación que llevo usando desde hace años es *Ccleaner*[7], es sencilla de usar y tiene una versión gratuita, estas limpiezas sirven para que el sistema operativo funcione mucho más eficiente, además en el análisis que puede ejecutarse tiene una herramienta que sirve para desactivar programas que se ejecutan al encender el ordenador, y que realmente muchos no necesitamos, éstos consumen recursos y pueden dejar rastros posteriormente en nuestras investigaciones.

El navegador por excelencia usado para estos cometidos suele ser *Firefox*[8], las razones, aunque evidentes para la inmensa mayoría de los internautas, diré que para aquellos que usen otro como I.E. (Internet Explorer o Edge), deben saber que son los navegadores que más eligen los ciberdelincuentes para explotar vulnerabilidades, y por lo tanto no es el más recomendable para nuestras funciones. *Firefox* cuenta con una comunidad internacional muy pendiente del proyecto, sin ánimo de lucro y se actualiza con mucha frecuencia, aunque también el navegador Chrome[9] cuenta con mucha estabilidad, y dispone de gran cantidad de extensiones y *add-ons* útiles para los cometidos descritos, y aunque la mejor práctica es usar diversos navegadores y diferentes motores de búsquedas para una mejor obtención de información, en el presente manual nos centraremos en Firefox.

No sólo el navegador es uno de los instrumentos más importantes, y de las aplicaciones más usadas en las investigaciones, precisamente porque es uno de los recursos que nos hacen llegar de manera sencilla a determinadas fuentes de información con tan sólo escribir una palabra clave, también existe una – cantidad elevada de herramientas online que los hace, si sabemos interpretar esa información, en algo muy potente como veremos en el siguiente capítulo, que nos adentraremos en la preparación de las primeras herramientas de búsquedas en internet mediante Firefox, asegurando nuestras conexiones con VPN y/o proxy.

---

[7] https://www.ccleaner.com/

[8] https://www.mozilla.org/

[9] https://www.google.com/chrome/

El tribunal ha declarado que en internet no cabe la expectativa de privacidad cuando tú voluntariamente revelas información a terceros, y, dicho sea de paso, en internet todo el mundo es un tercero.

Julian Assange

Una vez que tenemos el navegador Firefox[10] instalado, necesitamos adecuarlo para las tareas de OSINT, con uso de características que pueden añadirse, llamadas *"add-ons"* o *"extensiones,* que son pequeñas aplicaciones que trabajan conjuntamente con el navegador, y ejecutan una función específica para facilitarnos las búsquedas y los respaldos de las investigaciones que realizamos en internet.

2.1. Instalación de VPN:

Es importante como ya hemos mencionado anteriormente, que nuestro equipo de trabajo personal esté también asegurado de manera eficiente y no seamos blancos fáciles de la ciberdelincuencia, sobre todo cuando naveguemos en la red Tor o en la Dakrnet y necesitemos permanecer tiempo en el océano de los datos, o descargar archivos de textos por ejemplo, que veremos las mejores opciones para esto más adelante; no obstante antes de comenzar a entrar en la materia considero necesario que sepamos la diferencia entre un *VPN (Virtual Private Network)* y un *Proxy, y* es que el *proxy* solo hace la función de ocultamiento o intermediación de la verdadera dirección IP que solicita datos a un servidor y la dirección IP real u origen, procedimiento que hace creer a un servidor que estás en otro lugar; sin embargo, un VPN es una red privada virtual que captura todo el tráfico del dispositivo que tiene instalado el cliente VPN, cifrando esos paquetes de datos, y enviando a través de un canal seguro hasta llegar al Servidor VPN, el cual ejecuta lo que el cliente le ordena, enviando de vuelta por la misma ruta el mensaje de la web o *site* visitada; por supuesto que esta red privada virtual también realiza un cambio de dirección IP, pero no es su función principal como sí es la del proxy. Actualmente existen muy buenas opciones de servicios VPN, pero no todas cumplen con los requisitos necesarios para estar totalmente seguros, como la de no guardan registros de nuestros usos en internet.

---

[10] https://www.mozilla.org/es-ES/firefox/new/

Hay servicios de VPN que incluso permiten usar el denominado *dual core* o *secure core*[11], que realiza varios saltos o *re-routing*[12] a diferentes servidores antes de poder salir a la red, pero además de esto, existen características como el *kill switch, que* añade un extra de seguridad, bloqueando todo el tráfico de red cuando se pierde la conexión del túnel VPN, para que no quede comprometida la dirección IP real ni nuestra actividad.

En mi experiencia, preferí optar por ProtonVPN, ya que es una de las pocas que, al tener sede en Suiza, está al margen de la legislación europea y la norte americana, permitiendo garantizar a sus usuarios un nivel de privacidad dignos de un servicio de pago de primera clase. Además, el cifrado es de los más robustos del mercado, el *AES-256*[13] para todo el tráfico de red, y el *RSA-2048*[14] bits para el intercambio de claves. Se podría decir que es condición prácticamente indispensable contar con un servicio VPN, y ante la duda si optar por el servicio gratuito o el de pago, sin duda el de pago; como se ha mencionado anteriormente, es un servicio de primera en nivel de privacidad. Detrás de todo ésto hay un equipo de desarrolladores que ponen su empeño en las actualizaciones de las diferentes plataformas, sistemas operativos y configuración para que en ningún momento nuestra dirección IP pueda quedar comprometida ante terceros. Si bien existen multitud de servicios VPN, el que más seguridad aporta en las pruebas realizadas en ProtonVPN.

¿Cómo llevamos todo esto a la práctica?, comenzaremos por configurar nuestro navegador Firefox con las extensiones más operativas y características para realizar investigaciones e informes de inteligencia de recursos abiertos, aunque si algún lector prefiere recurrir sólo al Chrome puede hacerlo, ya que la mayoría de los add-ons de Firefox también se desarrollan para Chrome, en caso contrario habrá algunos que desempeñen la misma función.

---

[11] https://protonvpn.com/download

[12] Re-direccionamiento

[13] Advance Encryption Standard, algoritmo de encriptación simétrico por bloques, el 256 es el mas robusto, que consiste en 14 rondas de sustitución, transposición y mezcla para un nivel máximo de seguridad.

[14] RSA, es el algoritmo más utilizado tanto para cifrar como para firmas digitales. Su seguridad se basa en que para romperlo necesitaría hacer operaciones rápidas de descomposición de números grandes en productos primos.

Configuramos nuestro navegador, para ello vamos a *preferencias,* en la parte superior derecha de nuestro navegador, en el *menú desplegable:*

Una vez dentro de *preferencias,* nos dirigimos a configurar en *general, archivos y aplicaciones,*

Señalamos *preguntar siempre donde guardar los archivos,* así evitaremos que se guardan las descargas en la zona predeterminada del disco duro, ya que en la mayoría de los casos usaremos o un disco externo o bien una memoria USB para luego analizar los archivos antes de pasar al ordenador o disco duro para su trabajo.

Cuando se descargue algún archivo de internet o de la red Tor, nunca debe abrirse esos archivos sin antes desconectar por completo la conexión a internet, y pasarlo por el A.V. o un *Sandbox*[15],una buena opción para esto es trabajar con virtualización, que veremos en el capítulo siguiente.

Para que se entienda el procedimiento, el sandbox no es más que un entorno o aplicación que opera o puede operar fuera de la raíz del sistema operativo principal o host. El entorno ideal para crear un sandbox es sencillamente la instalación de un sistema operativo virtual, ya sea Windows (cualquier Pack y edición sirve, no tiene por qué ser la última versión), este sistema funcionará de manera independiente de la raíz del sistema operativo anfitrión o host, siendo un sistema "invitado" el virtualizado. Este entorno sería específico para abrir archivos de sitios sospechosos, no confiables, o abrir pendrive

---

[15] Entorno aislado del sistema operativo, para comprobar el funcionamiento y comportamiento de aplicaciones, programas y archivos de terceras partes.

incluso o visitar URL sospechosas, pues cualquier tipo de troyano, virus o malware se quedará en el sistema invitado sin poder acceder al anfitrión; pero estos detalles se verán en el capítulo de virtualización.

Se continúa configurando las DNS para conectarnos de manera predeterminada a los servicios de *Cloudfare* (ipv4: 1.1.1.1); ya que las búsquedas serán algo más rápidas y conseguimos salir un poco del control de análisis de Google (ipv4: 8.8.8.8/8.8.4.4).

Para ello nos dirigimos a *general,* y en *configuración de conexión,* activamos *DNS proxy con Socks v5* y *Activar DNS sobre Https, con el proveedor Cloudfare.*

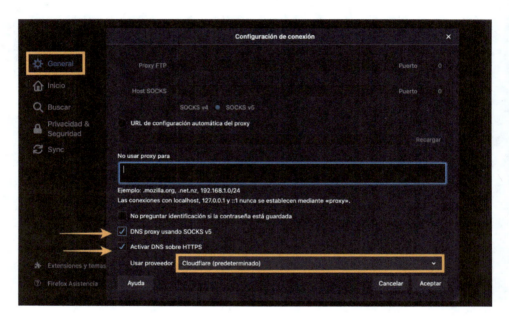

Si en nuestro navegador *Firefox* no encontramos la opción predeterminada de *Cloudfare,* tendremos que configurarlo en nuestro sistema operativo, es tan sencillo como cambiar las DNS, o bien añadir la *nueva de Cloudfare*[16].

Realizados todos estos ajustes, continuamos con *Privacidad y Seguridad,* y dejaremos señalada la *seguridad estándar,* lo haremos así porque usaremos algunas extensiones luego que necesitaremos que no sufran bloqueos al recibir información.

---

[16] https://1.1.1.1/es/

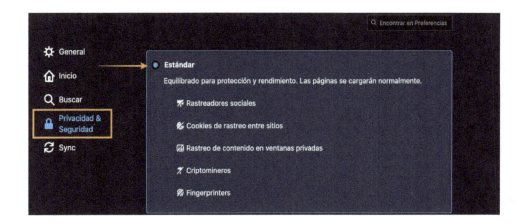

El resto de configuraciones serán las que el lector prefiera, aunque siempre con-
La mirada en la seguridad, privacidad y operatividad de los recursos del navegador. Ahora
vamos a *historial* y marcamos la opción de *no recordar historial.*

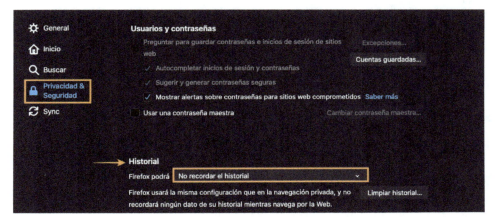

Sobre esta configuración de *historial,* haré un pequeño periplo que considero relevante
para el lector, y es que hay investigadores que prefieren recordar el historial con el fin de
tener de alguna forma grabada las direcciones web que se han visitado con la fecha exacta,
este método es aceptado para investigaciones que tienen lugar en zonas seguras, y con un
ordenador personal, no corporativo y de causas que no requieran de un carácter reservado
o altamente confidencial, ya que permitir que el navegador recuerde los sitios visitados,
en caso de perder el ordenador, robo, sustracción del mismo, pérdida o un simple robo de
sesión o *clickjacking[17],* puede traer problemas. Como protocolo, si trabajamos para una

---

[17] https://es.wikipedia.org/wiki/Clickjacking

empresa de seguridad por ejemplo y estamos desplazado en una *zona de operaciones[18]*, deberíamos de resguardarnos de dejar los mínimos rastros posibles ni evidencias digitales de lo que estamos realizando, sobre todo si estamos obteniendo información sobre un objetivo concreto de la misma zona donde estamos ubicados geográficamente. El no recordar el historial por si sólo no es todo, pero sí una pieza más en el puzle de la seguridad de nuestros datos e investigaciones. Hay otros métodos para grabar esa información. Aclarado la diferencia con respecto a guardar o no el historial, otra cuestión a tener en cuenta en nuestra configuración es la de *bloquear nuevas solicitudes de acceso a la ubicación,* y *guardar los cambios* antes de salir de la configuración.

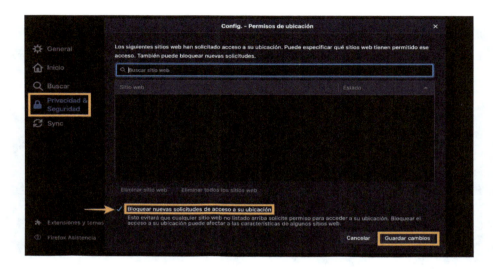

Consideremos que, aunque siempre llevemos la VPN activa, es necesario bloquear las solicitudes de los sitios web, en el caso del ejemplo de la imagen superior, bloqueamos las solicitudes de acceso a la ubicación, y si alguna web nos rastrea no obtendrán ni datos reales de nuestra ubicación ni del tipo de navegador que estamos usando. Con respecto a la dirección IP será la de la VPN o proxy que tengamos instalado, aunque recordad que no es lo mismo proxy que VPN, y siempre intentaremos conectarnos como norma general a una conexión de red privada virtual que a un proxy.

---

[18] Zona geográfica distinta a donde tenemos ubicada nuestra sede central de empresa o estamento, y se realizan labores de monitoreo, recursos abiertos y reportes diarios de seguridad

2.3. Instalación de Complementos (Add-Ons) en Firefox:

Un add-ons, es un complemento que aumenta considerablemente ciertas funcionalidades de las aplicaciones, permitiendo a los usuarios editar, configurar, y usar el navegador de forma más eficiente y personalizada.

NOSCRIPT

Antes de adentrarnos en la add-ons propiamente dicho, instalaremos nuestra primera extensión importante, es la llamada y denominada *"sin ella no salgas a navegar"*, es la favorita de muchos expertos, y se llama *NoScript*[19]. Esta extensión nos protegerá contra *vulnerabilidades explotables remotamente, exploits, XSS[20] (Cross-site scripting), CSRF[21] (Cross-site request forgery), y DNS rebinding[22].*

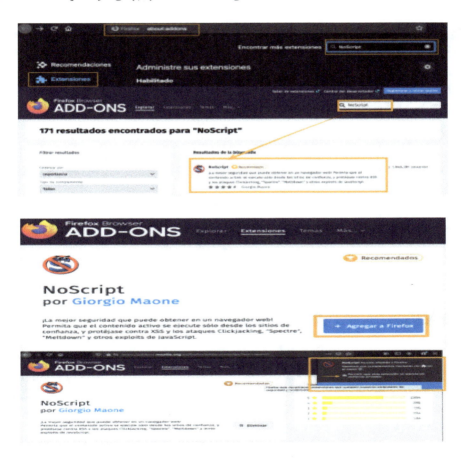

---

[19] https://noscript.net/faq

[20] https://es.wikipedia.org/wiki/Cross-site_scripting

[21] Enlace hostil. https://es.wikipedia.org/wiki/Cross-site_request_forgery

[22] https://en.wikipedia.org/wiki/DNS_rebinding. Puede transformar el equipo en un Proxy.

17

A lo largo de este manual se deberá descargar determinados programas, y aplicaciones, y teniendo activados en *NoScript*, se tendrá problemas para acceder a algunas páginas y descargas, por lo que el NoScript será recomendable usarlo en la navegación de obtención de información, y no en una navegación para descargas de aplicaciones (siempre originales y contrastadas).

FOXYPROXY

Teniendo instalado correctamente *NoScript,* y la configuración básica de nuestro navegador, continuamos con las extensiones de seguridad y navegación segura, como *Foxyproxy,* una extensión que requiere algo más que simplemente agregar a nuestro navegador, necesita una pequeña configuración, que explicaremos y veremos en las siguientes imágenes. Para estas configuraciones recurriremos a la web de *Free Proxy*[23], que facilitan datos para nuestro Foxyproxy, como veremos a continuación.

Primero agregamos la extensión Foxyproxy a nuestro navegador, y nos dirigimos a *configuración*, luego necesitaremos los datos necesarios como la IP de la Proxy que usaremos o queremos usar, la dirección URL, o bien el nombre DNS. Se optará por la simplicidad de la configuración, por lo que visitaremos la web de *Free Proxy List.*

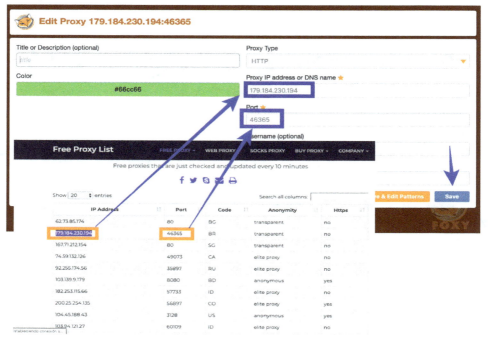

---

23 https://free-proxy-list.net/

Esta configuración de la extensión del navegador es independiente a la VPN instalada en nuestro sistema, como la mencionada en este capítulo.

Podremos tener una dirección de VPN que nos dé el cifrado de la conexión entre nuestra IP real a la dada por el servidor VPN, pero además podemos hacer uso de *Foxyproxy* si por algún motivo operativo nos interese tener dos direcciones IP, es decir tener en el navegador Firefox una IP, y en el Chrome otra (la del sistema VPN); es una opción interesante cuando estemos buscando en diferentes medios de fuentes y países distintos, por ejemplo. Hay casos en que la web visitada no carga con el proxy, esto se debe a que necesitaría un "refresco en la caché" (borrar el historial o la caché de la última hora).

En la imagen anterior podemos observar que la dirección obtenida por el navegador Firefox corresponde a una IP de Brasil, mientras que haciendo uso del navegador Chrome, nuestra dirección IP que designamos a nuestro VPN instalado anteriormente.

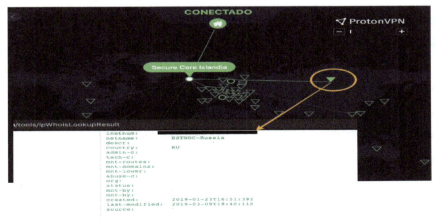

Para hacer aún más precisa las salidas y entradas de paquetes de datos desde nuestro rúter hacía internet, podemos usar *Wireshark*[24], el analizador de protocolos por excelencia, además de analizar, soluciona posibles problemas con las comunicaciones, y aunque no profundizaremos en el uso de esta herramienta en este manual, si conviene tener instalado en nuestro ordenador y realizar comprobaciones de nuestras conexiones salientes y de las direcciones IP que visitamos.

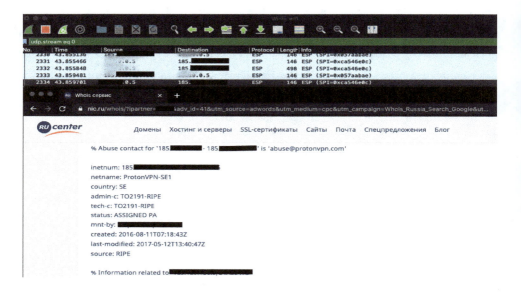

Comprobamos que la conexión entre nuestro rúter y el servidor VPN es satisfactorio, y el navegador Chrome nos identifica en Rusia, dirección seleccionada previamente para la prueba con Wireshark. Al tener activo la utilidad de *Secure Core*, observamos que en el caso de que alguien obtenga nuestra IP, haciendo un *whois*[25] a nuestra dirección tendrían los datos del servicio del VPN, pero no el de nuestra ubicación exacta obviamente.

Con una VPN contratada ante un comportamiento nuestro en la red de búsquedas de datos aún no siendo intrusivas, al generar ruido, alguien podría demandar al servicio para que identifique al usuario, por ello como dijimos anteriormente, optamos por servicios sin Leyes de cooperación internacional. Seguimos con el resto de extensiones para el desempeño de OSINT, no sin antes decir que jamás naveguemos como si estuviésemos totalmente anónimos.

---

[24] https://www.wireshark.org/

[25] https://www.whatismyip.com/ip-whois-lookup/

Se debe pensar que cualquier fallo o error que cometamos podemos quedar expuestos; y aunque, si bien es cierto que con las precauciones señaladas en este manual no será tarea fácil que ocurra, si tenemos que considerar los factores de riesgos externos mencionados.

Agregaremos las siguientes extensiones o *add-ons,* de la misma forma y siguiendo los mismos pasos que hemos visto en la instalación de *NoScript,* a excepción de aquellas que requieran de alguna configuración extra, que en ese caso explicaremos con detalle.

HTTPSEVERYWHERE

HTTPSEverywhere[26], una extensión que hace que los sitios que visitemos cumplan con la encriptación SSL, ayudando a no visitar sitios fraudulentos o que haya sido comprometida las certificaciones de autoridades, esta add-ons es de código libre y desarrollada en colaboración con el proyecto Tor.

EXIF VIEWER

Exif Viewer[27]*,* muestra los datos de Exif, los IMM/NAA, los compuestos por IPTC, y los metadatos almacenados en las imágenes por cámaras digitales. Con tan sólo realizar un *"click"* derecho en la imagen, y seleccionar *Exif,* se abrirá una ventana con la información obtenida de la imagen.

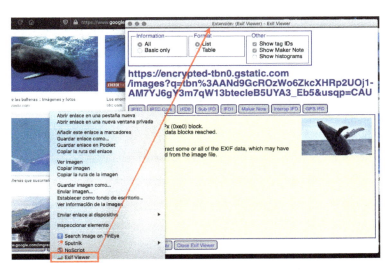

User-Agent Switche[28]*r,* es imprescindible cuando se necesite hacer creer a las páginas que visitemos que nuestros datos son otros; como la información del navegador, y la versión

---

[26] https://addons.mozilla.org/en-US/firefox/addon/https-everywhere/?

[27] https://addons.mozilla.org/en-US/firefox/addon/exif-viewer/?

[28] https://addons.mozilla.org/en-US/firefox/addon/user-agent-switcher-revived/?

de nuestro sistema operativo. Por desgracia, cuando visitamos alguna *web,* el navegador informa de nuestra sesión, de nuestro sistema operativo y de los propios datos del navegador, esto en determinadas investigaciones no es aconsejable. Como se observa en la figura siguiente, se puede seleccionar los diferentes sistemas operativos, así cómo simular además una petición móvil o bien de un ordenador cualquiera.

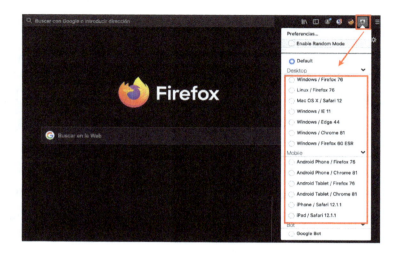

IMAGE-SEARCH OPTIONS

Image-Search Options, es una de las extensiones de búsquedas de imágenes mas completas y sencillas de usar, tiene un gran número de opciones totalmente adaptables y editables con tan sólo un *click* derecho. Estas opciones permiten rápida y eficazmente el uso de diferentes motores de búsquedas de imágenes reversas. Permite buscar por grupos.

RESURRECT PAGES

Resurrect Pages, con este recurso podremos buscar en las páginas archivadas o bien las versiones caché de cada web, lo interesante de esta add-ons es que usa los servicios más importantes, como Google, Wayback Machine, Archive.is, WebCite y Memento Timetravel.

El mal se hace todo junto y el bien se administra poco a poco.

Maquiavelo

TOR es un enrutador por capas, de ahí su nombre de *The Onion Router* (enrutador cebolla), y para su funcionamiento es necesario la instalación de dicho sistema router, que es lo que vamos a abordar en este capítulo, pero... *¿Cómo funciona realmente TOR?* Su funcionamiento se basa en una red distribuida de una latencia muy baja, esto quiere decir que intenta no producir retrasos en la gestión de paquetes de datos, lo que conlleva que no sea tan lenta[29] a pesar del paso de paquetes por cada capa, si bien es cierto que no es una red que esté pensada para el consumo de mucho ancho de banda ni para recursos streaming, es muy útil para hallar información y recursos que no suelen estar disponibles en la Clearnet o buscadores primarios.

Sabiendo esto, una pregunta frecuente que me hacen muy a menudo en las consultorías es si TOR es realmente tan seguro como dicen, y si es anónimo; pues bien, la pregunta es sencilla...seguridad al 100% no existe, y aunque es de las más segura, conviene saber que la persona o personas detrás de los nodos de salida podría recolectar información de solicitudes de paquetes, e incluso llegar a identificarte en un momento dado, o bien podría usarlo para lanzar vectores de ataques al usuario que solicita la información. Por todo esto, como hemos ido explicando en el manual es necesario usar una VPN de confianza, con la finalidad de securizar el tráfico de extremo a extremo, además de hacer uso de RP (Puntos de encuentros, del francés Rendezvous Points); que no es más que una red que actúa de desvío de paquetes entre la entrada y salida, de forma que el nodo de salida sólo podrá ver el RP en el mejor de los casos, pero será más complejo la identificación del usuario final; esto un sistema usado en la actualidad para conectarse a servidores de chat de cualquier tipo, sobre todo los IRC.

Para la instalación, nos dirigimos a la dirección oficial del proyecto TOR, https://www.torproject.org/,y cliqueamos en *descargar tor browser.*

---

[29] No es tan lenta en consideración con los recursos que se ponen a disposición del usuario TOR, pero en comparación con la red clara o plana si se considera lenta.

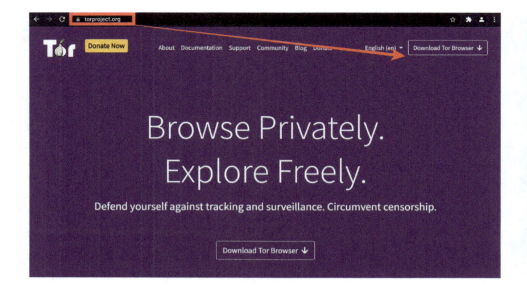

Ya descargado el instalador en la plataforma elegida, podemos verificar que la firma PGP del programa está intacta, de esta forma sabremos que el software que vamos a instalar no ha sido manipulado por terceras partes.

Para comprobar y comparar las firmas, es necesario tener instalado las herramientas PGP en nuestro sistema operativo (Windows, MacOS, Linux o Android).

```
-----BEGIN PGP SIGNATURE-----

iQIcBAABCgAGBQJgz68kAAoJEOt3RJHZ/wbi2ykP/iga40zUNeA8mt+TTQzDoq13
x+eb1VFHc2OdXgp4fjyAONQbelzyBo4Hxeueh8jETx1LV1iciPnRhLGXxMsN5kX2
d23gXVGN2PcJWieHmigCXOlJMBT8DBfsH18J0haUhnJYBLehpNHcUnvx/Kw0S388
g3C2kX/3xHBlxY1rHpdCHnXBFJFSuDPYXmJ0d3kJAP2FxJyvOvl912Z0ybSLJ6bA
HVA3IWJIPjKkcSrw6YO9FoddMdm2NzlgCdSuCx7DAa06BWDgtT6gDrEn+Fh3F34I
VpYDcwWkru72s7tf5N0tJPDxWlSBVvBbLE5IVmgDMkyVWk2oO6HwL8mIOCmfhS92
MO+Ppikd8GJVbzmxp0/XsIm9UWv95ZZCTOln82x4qeaAf74gtSu8mzCcPkmLgO/5
3Oz94qDmeQMsdKY6tnaM5HLv+sWsxIItImFMxe27+n4lpL67bZxYAfTjXKBBDXYj
awnuYqjFEtsnQOoYbw+Hwya1aKgLDkxmlTFb6eFxyE4Cj1qMPr1wmqdOLViLvDAj
qWHBxMhhhZBC1xa2sVuUch0ZCnLbby3PL8aSGcn2a7C8gFle5RqwJPk2H16XY/gS
SwFyLKoy4I2mFD+IhvsOkIM32QqwSQs16+ePmRubKqv6vRkthRx5ZQINdLe31bPy
tIGgJErugVm3RlJz8oGx
=gkxy
-----END PGP SIGNATURE-----
```

Podemos encontrar las instrucciones específicas de cada distribución en la siguiente dirección del proyecto TOR: *https://support.torproject.org/tbb/how-to-verify-signature/*.

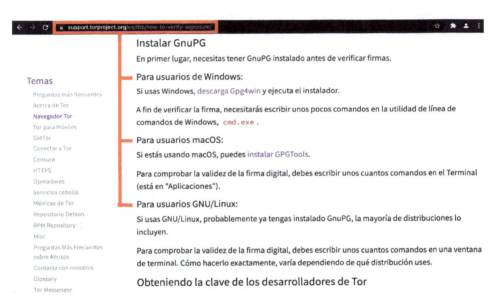

Instalado nuestro navegador TOR, podemos usarlo de manera autónoma en nuestro sistema operativo, entrando en las direcciones y buscadores propias del enrutador onion, como podemos observar en la imagen siguiente:

Es importante que se observe la versión de nuestro navegador TOR, y en cualquier caso comprobar si existen algunas actualizaciones, puesto que los parches de seguridad nuevos son necesarios que se instalen y corrijan bugs hallados.

Con el navegador TOR actualizado, observamos en la pestaña derecha dos opciones que son importantes como investigador de OSINT, y que ayuda a dejar menos rastros digitales en las investigaciones.

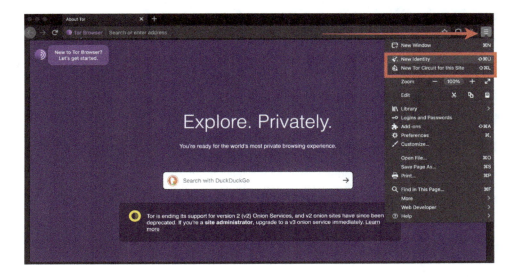

Una es la opción de *nueva identidad,* con ella el navegador preguntará si acepta reiniciarlo para cambiar de dirección IP, y nodo de salida; esta opción debe tenerse en cuenta cuando llevamos obteniendo y extrayendo datos durante un periodo de tiempo de una sesión (más de 60 minutos). La segunda opción perfectamente compatible con la primera, se denomina *nuevo circuito tor para este sitio o web;* esta opción no requiere reiniciar el navegador, por lo que se convierte en imprescindible cuando cambiemos de web por la red TOR en combinación con la VPN activa en nuestro sistema, así como los *User-agent Switcher,* explicados en capítulo anterior, con todo esto se consigue que los posibles datos que se recopilen en los nodos no sean información continua y aprendan de nuestras costumbres de conexión y facilitar nuestra identificación electrónica.

8.1. Buscadores Tor:

Existen multitud de buscadores en la red TOR, motores de búsquedas que usan el enrutador onion, y que permiten obtener fuentes de información indexadas a través de los nodos TOR. En este manual explicaremos lo más usados y los que mejores resultados han dado, si bien es verdad que a veces la dirección donde se alojan puede cambiar con el tiempo no suele ser lo usual.

Comenzamos con los buscadores mas interesantes de la red TOR, como son: *haystak* como motor de búsqueda en estabilidad y fiabilidad, y *AHMIA (ahmia.fi),* del que ya se ha escrito en capítulos anteriores; y que su sistema está integrado con *Globaleaks[30]* en su web obtenemos la dirección del *site* en onion, como podemos ver en la imagen anterior.

Hay otros motores de búsquedas, como *Grams, Candle, Torch, NotEvil y SearX*, que son muy interesantes para obtener datos complementarios en la darknet, el inconveniente radica en que no siempre se encuentran online, y pierden estabilidad en cuanto a la información reciente indexada, por lo que se debe tener en cuenta, e ir grabando o capturando siempre cada sitio que se visita para su posterior análisis a la hora de elaborar los informes de OSINT.

---

[30] Es una plataforma de software libre, y que lucha por los derechos humanos y la libertad de expresión, actualmente es una ONG italiana.

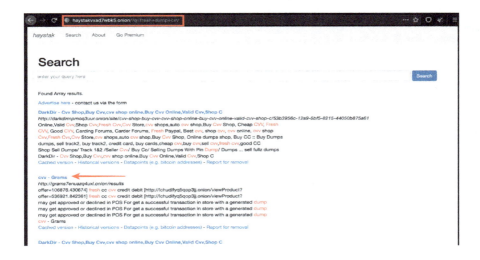

Se observa en la ¿Qué de los resultados de *haystak*, que los datos obtenidos son exclusivamente de la darknet, pero no todos los buscadores limitan sus *query*[31] a los *sites* .*onion*, como es el caso de *DuckDuckGo*, que su configuración inicial hace que el motor de búsqueda salga fuera de TOR a realizar las consultas.

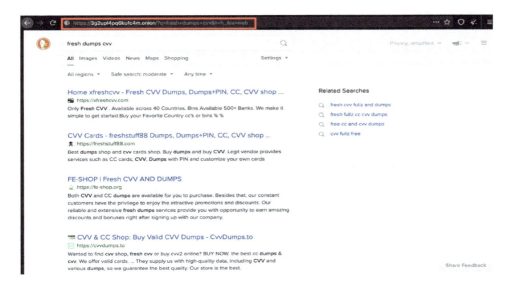

Sirva como ejemplo el *query=" fresh dump cvv"*, para que el lector observe los diferentes resultados en estos dos motores de búsquedas, en algo tan perseguido como es el robo de números de tarjetas de créditos (PAN).

---

[31] Se refiere a "consulta", pudiendo ser una palabra clave o conjunto de palabras claves para su búsqueda o consulta en la web.

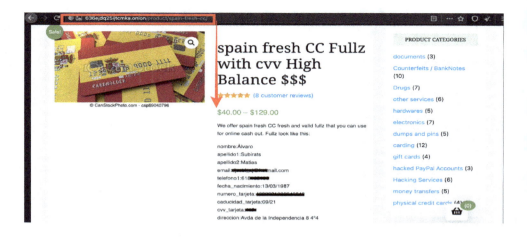

Se hallan también direcciones donde ofrecen máquinas tipo *"embosser"* para grabar el número PAN en plástico y poder duplicar tarjetas a partir de la compra de las pistas de información bancaria, que normalmente son en dos pistas o *track* y que se graban en la banda magnética, éstas pistas pueden ser editadas con el nombre de la identificación falsa que se haya fabricado para la persona que vaya a dar uso a la misma, aunque no se profundizará más por no ser el tema a tratar en este libro.

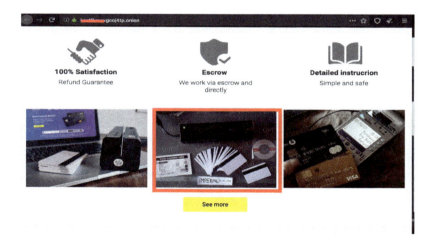

Este tipo de servicios sirven al investigador para obtener fuentes de información del mercado de robo de credenciales; realizando un *nmap*[32] contra la dirección onion podemos hallar los puertos abiertos, servidores, y más datos interesantes de la organización detrás de dichas páginas; también es cierto que hay miles de páginas

---

[32] Programa para rastreo de puertos, servicios y exploración de redes. Escrita en C, Lua, Java, y Python.

montadas para engañar a ilusos que llegan nuevo al mercado de la darknet, pretendiendo hacer dinero fácil, y nada más lejos de la realidad, puesto que si no se conecta en foros exclusivos de la deepweb y se inicia relaciones de confianza, las posibilidades de caer en trampas, estafas y ser víctimas de todo tipo de troyanos son infinitas, o en el mejor de los casos se puede terminar como *mulas*, pero es a un 98,6% de probabilidad que se pesque al "iluso". En estos mercados virtuales se puede hallar cualquier elemento e infraestructura para defraudar, como la venta de VPN, servidores proxy, e incluso los famosos *backconnet,* que son servidores listos que pueden albergar troyanos con conexión inversa, necesarias para conectar la máquina víctima.

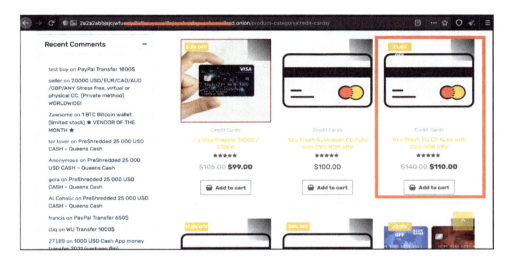

El negocio de las identificaciones falsas, así como las falsificadas, que aunque suenan igual son distintas, es otro negocio al alza; su diferencia principal radica en que se puede hallar relativamente fácil documentación totalmente falsa, es decir, con aspecto real y profesional pero son documentos que no existen como tales, y se les denominan *"fantasía",* a diferencia de la falsificada, que son documentos idénticos a los originales, y se editan con los datos facilitados por el cliente, de igual forma, existen otros servicios también en auge, que venden plantillas listas para usar, como nóminas, recibos de servicios domésticos principales (agua, electricidad, teléfono) e incluso los pasaportes; este tipo de negocio se esta usando en la actualidad para contratos de alquiler, sacar tarjetas de pagos, y compras online, entre otras.

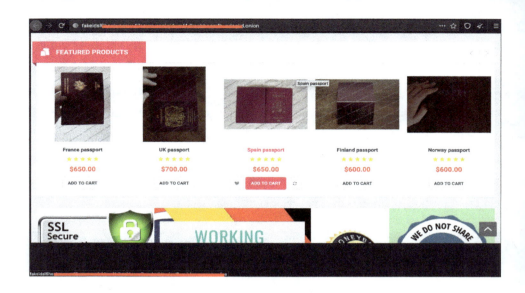

Como investigadores OSINT, y de Ciberinteligencia se debe conocer lo máximo posible sobre las nuevas tendencias de ciberdelitos, cómo se comenten, el perfil del ciberdelincuente, las motivaciones y las técnicas, y aunque no es tarea sencilla ni se consigue en pocos *clics,* debemos buscar zonas de colaboraciones internacionales de OSINT, como ya mencionamos al principio del libro, además de esto, para las investigaciones que se centre o adentren en la deepweb o darknet es necesario tener preparados diferentes perfiles y avatares, con los que establecer relaciones en foros, puesto que es donde se extrae la mayor información en la red profunda, siendo el summum conseguir el *"32xtrac ticket"*[33], en una determinada materia, y dentro de un grupo u organización; en el momento en que el investigador se adentra con un avatar o perfil en un grupo cerrado, se denomina *Virtual Humint*[34], pero para conseguir los mejores resultados se debe ser diestro en el arte de la ingeniería social[35], que este arte bien merece dedicarle libros y tiempo, y aunque la mayoría de los auditores en seguridad de la información lo atribuyan siempre al "ataque", con el tiempo y las investigaciones se esta comprobando el potencial de esta *"ingeniería"* para obtener información de *ciberorganizaciones.*

---

[33] Se denomina así al acceso directo a foros, dominios y cuentas que no se hallan indexados, y que es sólo accesible teniendo los tokens de referencia y se entra por invitación de un miembro activo.

[34] Es una figura relativamente nueva dentro del mundo de la inteligencia, y el factor diferenciador es que el investigador esta obteniendo información dentro de un lugar, virtual y no requiere de ciber técnicas para obtener dicha información.

[35] Son una serie de actos de engaño y manipulación usando diferentes técnicas y que explota los sesgos cognitivos de las personas, es usado comúnmente por los ciberdelincuentes para ataques de Phishing, Smishing y Vishing.

<<*Hace pocos años atrás se me encargo un trabajo de obtención de información, una información precisa y necesaria sobre un asunto muy concreto; se intentó anteriormente con otros analistas y técnicas enrevesadas, pero todo eso no sirvió puesto que esa información necesaria para evitar un desastre estaba a buen recaudo por una persona inaccesible, pero después de estudiar su perfil, y ver sus sesgos, mediante ingeniería social se preparó un simple mail, a partir de ahí su egocentrismo hizo el resto.*>>

Con la práctica, y la formación continua se logra desarrollar no sólo técnica sino destreza en estos usos de la obtención de información abierta y disponible.

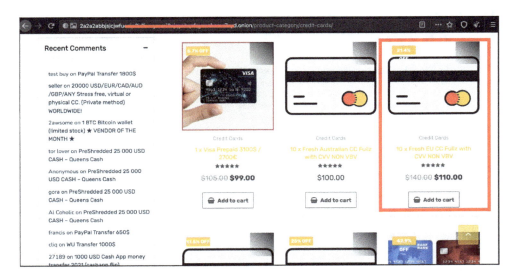

Las ventas en la darknet, tampoco se libran de las supuestas vacunas anti-covid 19, que efectivamente la mayoría son páginas *scammer*[36], como el mercado virtual mas conocido *wallstreet market,* que como puede observarse en junio de 2021 está intervenida.

---

[36] Páginas que venden productos que realmente no existen o que no tienen la intención de proveerlos. Son web de estafas.

Capítulo 4: Encriptación PGP

Las contraseñas son como la ropa interior. No puedes dejar que nadie la vea,

debes cambiarla regularmente y no debes compartirla con extraños

Chris Pirillo

El cifrado más difundido del mundo por sus características técnicas, posibilidad de uso y seguridad es el PGP (Pretty Good Privacy); desarrollado por su creador Phil Zimmermann, con el algoritmo denominado IDEA y RSA , y con sistema de dos llaves o claves, y denominadas como criptografía asimétrica o de clave pública; y éstas consisten en: por un lado la clave privada, que es la que nadie más conoce ni debe conocer, y es en la que realmente recae la seguridad del método PGP y con la que se descifrará el mensaje recibido; sin embargo, la llave pública, es la que cualquiera podría tener, una vez facilitada por el emisor, y puede estar perfectamente a la vista de todos, e incluso en un servidor de claves públicas de usuarios en internet.

Se debe conocer que en criptografía se rige por un principio de seguridad, denominado *Principio de Kerckhoffs[37]*, que establece seis principios fundamentales; siendo uno de los

---

[37] Fue enunciado por Auguste Kerckhoffs en 1883. Fue el primero en publicar ensayos sobre la criptografía militar en la Revista de Ciencias Militares Francesas. Estos ensayos fueron una renovación en las técnicas francesas en esta materia. (es.wikipedia.org/wiki/Auguste_Kerckhoffs)

mas importantes: que teóricamente no es irrompible, por lo que las transferencias de datos e informaciones no deben tomarse como algo 100% seguro; otro principio, es no basar la efectividad en el propio sistema, lógicamente, un sistema no tiene por qué fallar técnicamente, pero si se puede fallar por un descuido o error humano y que capturen la contraseña, por eso otro principio es que las claves sean memorizables para no apuntar la contraseña de manera plana, aunque en este sentido, *hay métodos de ocultación de claves manuscritas, que como experiencia desde hace más de 25 años, nunca ha habido problemas incluso cuando intentan descifrar la clave escrita*, cada analista deberá tener sus propios métodos de ocultación y/o memorización de claves; y para finalizar el sistema deberá ser operado por una misma persona, para evitar fugas de informaciones o que pueda alguien acceder a los mensajes, datos antes de ser guardados o enviados.

Para cifrar la información basándonos en este y otros principios de la criptografía, se señala como una de las mejores opciones a día de hoy el programa llamado VeraCrypt, un programa gratuito, de código libre y muy intuitivo, además de estar apoyado por una comunidad de desarrolladores internacionales de alto nivel.

En el caso que nos concierne como analistas y/o investigadores OSINT, es estrictamente necesario cifrar al menos una partición de nuestro ordenador personal, o de cualquier herramienta de transmisión de datos con la que hagamos trabajos, almacenemos información de búsquedas, clientes, pedidos, solicitudes, y carpetas de la inteligencia hallada, de modo que, si perdemos nuestro ordenador por cualquier motivo ajeno a nosotros, que terceras partes tengan una escasa probabilidad de encontrar la información de nuestras investigaciones o informes.

Una alternativa que como investigador y analista acostumbro es cifrar la información en carpetas con numeración que sólo al analista sepa para identificarla posteriormente, y luego subirla ya cifrada a un servicio en otro dispositivo para un acceso de emergencia, aunque lo ideal es tener esas copias sin conexión a internet y en pendrive cifrados, y con vuestra información cifrada con VeraCrypt dentro de dicho pendrive.

Pero para familiarizarnos con el entorno de VeraCrypt, se explicará paso a paso la instalación y manejo del programa para cifrar datos, e informaciones e incluso realizar una partición encriptada como se ha comentado anteriormente.

Para ello vamos a la web siguiente: www.veracrypt.fr/code/VeraCrypt, y seleccionamos el sistema operativo en el que deseamos instalarlo, es importante tener en cuenta, como se ha señalado en la siguiente imagen, que el sistema esté actualizado a la última versión. Los analistas que tengan Apple MacOS, deben saber que, VeraCrypt deberá igualmente ser actualizado con las últimas versiones del sistema operativo, sino podrían tener problemas al abrirlo, aunque si bien es cierto que no ocurre en todos los MacOS, porque dependerá de la arquitectura del sistema operativo también, es indispensable actualizar VeraCrypt.

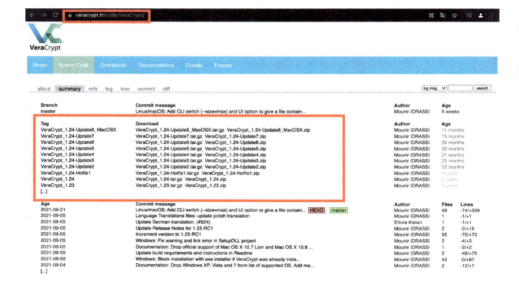

Una vez instalado en nuestro sistema operativo, arrancamos el programa para comenzar a crear un volumen, entendido como tal, un lugar donde guardaremos los datos e informaciones que nos interese para que no se pueda tener acceso en caso de robo y/o perdida de nuestro ordenador.

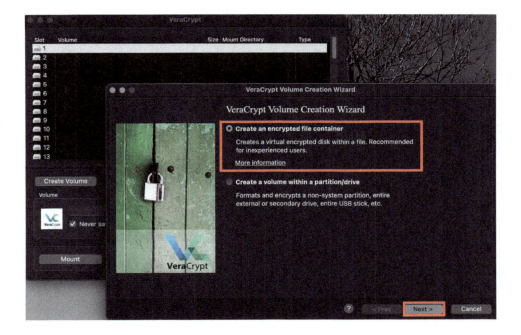

Seleccionamos la opción de crear un contenedor o volumen, para poder tener el lugar idónea donde almacenar la información cifrada.

Se recomienda la opción de "ocultar el volumen" creado, dependerá del analista sus preferencias, pero a modo de nivel de seguridad es más aconsejable que esté oculto a simple búsqueda en el ordenador.

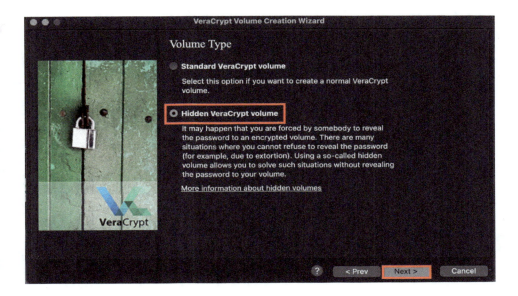

Seguidamente nombramos a nuestro volumen, se puede dar el nombre, letra o número que queramos asignarle a dicho volumen.

El lugar donde queramos guardar el volumen creado es una opción a tener en cuenta, y de las preferencias exactas del analista, si bien la quiere en el disco duro directamente en la raíz, o si bien se prefiere dentro de un archivo concreto. En el caso del ejemplo se ha usado la opción de crearlo dentro de la raíz del disco duro en un MacOS, que es la más interesante para trabajarla luego.

Luego elegimos el tipo de algoritmo con el que se pretende cifrar ese contenedor o volumen, se recomienda seleccionar el AES[38], y el Hash de algoritmo debe ser al menos de 512 (SHA-512), que es el de 64 bits, pero... *¿Qué quiere decir todo esto?* Lo primero es que el SHA significa hash de algoritmo de seguridad, y su función es la de transformar un mensaje o texto en una consecución de notas ilegibles, que parecen o simular una aleatoriedad, sin tener por tanto un sentido o patrón concreto, pero con la clave de encriptación el mensaje podría ser cambiado al original, o revertido al mensaje de origen y poder ser leído por aquella persona que posee la clave.

La diferencia entre si elegir uno de 256 o de 512, es en primer lugar en la longitud del algoritmo y su forma de 32 a 64 bit, siendo esta última la más segura.

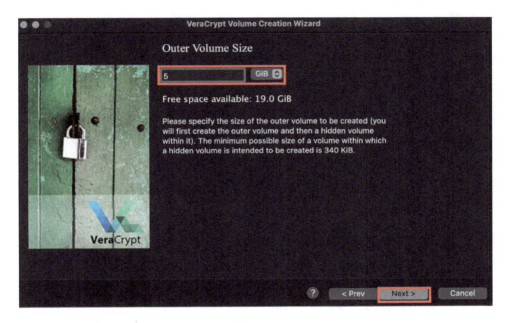

Cuando se ha configurado la longitud, seguridad y nombre del volumen, se debe elegir la capacidad total de dicho contenedor de información, en el ejemplo se ha considerado 5 Gb, pero el investigador podría usar la mitad incluso del total del disco duro del ordenador, o más si así lo considera necesario.

---

[38] Advance Encryption Standard, de los más usados y seguros actualmente. Su cifrado está basado en un esquema por bloques, y es tan seguro que fue el estándar más usado por gobiernos, sobre todo por los Estados Unidos.

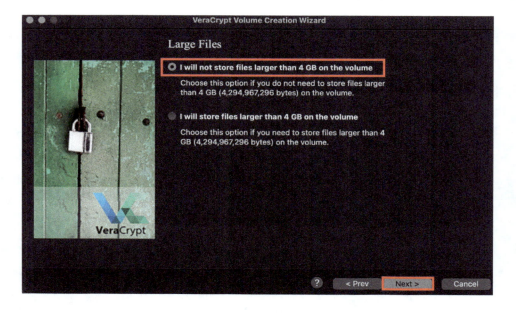

Como se observa en la imagen anterior, se ha elegido la opción de guardar datos, pero no de capacidad total del volumen. Realizados estos pasos, se selecciona el tipo del sistema de archivo FAT, es el ideal por si tenemos que trasladar en alguna ocasión la información contenida en el volumen, o bien copiarlo y abrirlo en otro dispositivo, no obstante, si el investigador o analista considera mejor otro tipo de sistema de archivo porque disponga quizás de otros medios, como un pendrive y varios sistemas operativos, podría ser razonable también el exFAT.

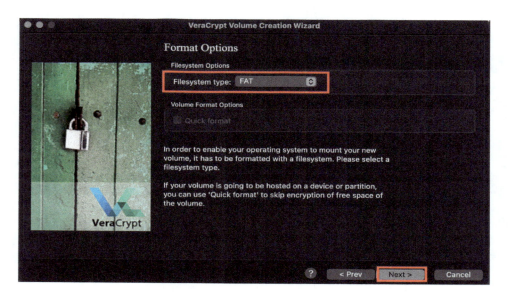

Sea cual fuere lo seleccionado (FAT o exFAT), no cambiaría en este paso ninguna forma de finalizar la creación del volumen.

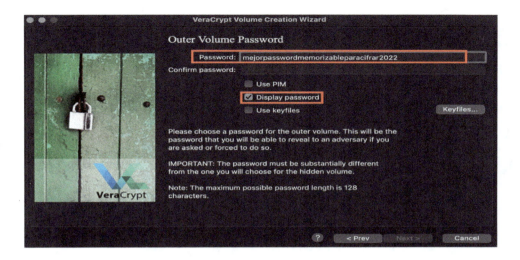

Seleccionamos una contraseña, la más segura que podamos, con las premisas de hacerla híbrida, es decir, del tipo: letras, números, caracteres especiales, y según los principios de Kerckhoff, memorizable sería lo aconsejable. Para el ejemplo se ha prescindido de caracteres especiales, pero es lo más idóneo hacer uso de ellos como se ha comentado. Cuando se ha grabado la contraseña elegida, se debe mover el ratón mientras se generan las llaves de encriptación y, cuanto más se mueva más operaciones aleatorias se crearán y por lo tanto más fuerte será las claves.

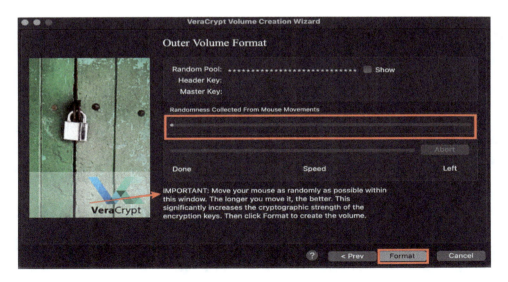

Creado ya el volumen y configurado, se procede a montar el contenedor para poder almacenar la información cifrada dentro del volumen. Para montar el volumen cifrado, abrimos el programa VeraCrypt, y se selecciona la opción de "nunca guardar historial", para evitar que terceras personas sepan la ruta donde está oculto nuestro contenedor. Cuando se tenga la ruta específica del volumen, se monta y pedirá de inmediato la contraseña que generamos en los pasos anteriores.

Montado ya el volumen y abierto, nos aparecerá el icono de volumen externo, que será el contenedor donde poder guardar los datos que necesitemos, en el ejemplo aparece como "NO NAME"

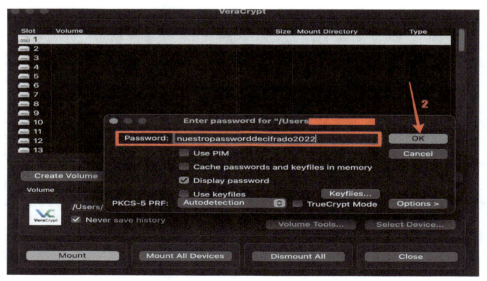

Capítulo 5: Virtualización de sistemas operativos

La seguridad no es un producto, es un proceso

Bruce Schneier

Para las personas no familiarizadas con el concepto, se entiende como virtualización al proceso de creación de software y hardware, dentro de un equipo físico que se denomina *host*[39]; el equipo host o anfitrión presta sus recursos para la creación de máquinas virtuales en diferentes entornos, que pueden ser desde sistemas operativos completos, procesos aislados, hasta disponer dentro del host de tantos sistemas operativos diferentes como capacidad física tenga disponible el equipo anfitrión.

En la práctica normalidad, como analistas OSINT, se usará la virtualización para crear entornos seguros para nuestro equipo personal *host,* y para contener diferentes distribuciones y versiones de Linux con las que trabajar y grabar datos de los análisis; una de las ventajas de este proceso es que podemos simular por completo la nueva máquina, y hacerla funcionar en modo *live*[40] o en modo *persistente*[41], o bien instalarla por completo dentro del entorno virtual, y de esta forma guardar la información para futuras sesiones. Con respecto a estas tres formas es el analista el que debe decidir la forma de operar con los entornos, que para cada caso requiera o bien generalizar un método, pero en cualquier caso, los datos e información recopilada deben siempre estar disponibles para el seguimiento del caso y muestras, dicho sea de paso, *no servirá un informe OSINT que se haya realizado con la información obtenida "supuestamente", y que no esté disponible el recurso de obtención, fuente o captura de dichas informaciones con su correspondiente hash[42], metatags[43], o cualquier elemento de asignación de información a la prueba, muestra y/o ruta URL completa certificada.*

La fuente de obtención en OSINT es primordial para que en una presentación de informe ante juntas técnicas, analistas superiores o directores de seguridad encargado del

---

[39] Host, por su traducción al español, "anfitrión", representaría al equipo físico que alberga los recursos tecnológicos virtuales, y que obviamente compartirá con el/ los equipos huéspedes.

[40] Significa "en vivo", todo lo realizado en la sesión, una vez apagada la máquina virtual no estará accesible.

[41] El persistente, es la opción de grabar datos en un entorno portable, y que pueda guardarse configuraciones e instalaciones, pudiendo usar el resto de la memoria del pendrive.

[42] A partir de una entrada, ya sea una imagen, texto, audio, o archivo produce una salida con una secuencia alfanumérica designada y que resume el contenido.

[43] Son etiquetas en el encabezado de una web con información necesaria para acreditar obtención de datos, normalmente son imperceptible para visitantes webs normales.

procesamiento no puedan tener dudas que lo plasmado por el analista en el informe está completamente avalado sin sesgos de ningún tipo.

Como veremos más adelante en el capítulo de realización de informes, se podrá ver ejemplos de la importancia del trato de la fuente, metadatos, metatags y demás informaciones que vinculan a nuestros análisis con la conclusión final del informe, además piense el lector/analista o futuro analista, que cuando la elaboración del informe OSINT sea para presentar ante un tribunal de justicia, como perito judicial, o bien de parte, es necesario una vez más, *aún a riesgo de repetirse éste método*, dejar todas las pruebas (captura de imagen con hash) catalogadas, numeradas y guardadas desde el punto origen (fuente o código de donde se extrajo) hasta nuestro ordenador.

Concluido este periplo entre las generalidades de la virtualización y su nexo con la forma de tomar muestras, datos e información de las fuentes de obtención, se detallará los pasos a seguir para la instalación en un host Windows y MacOS de las *distros*[44]elegidas para

 OSINT, si bien los analistas pueden usar sus propias distros donde se sienta más cómodo, se aconsejará en este manual las usadas con mayor frecuencia en el panorama internacional.

Cabe mencionar, aunque no se aborde en este manual, que otra forma para diferentes tipos de programas, sistemas o recursos es a través de docker, que es un concepto que empezó a usarse con más frecuencia desde el 2013, y se refiere a *contenedores,* como la idea de poder usar aplicaciones y programas sin poner en riesgo nuestro ordenador principal o anfitrión (host). Los contenedores llevan dentro todo lo necesario para su ejecución de manera independiente, esto convierte a docker en una muy buena forma de usar aplicaciones sin instalar, y usando menos recursos. Todo esto, y después de años, dio paso a los famosos *microservicios*[45] aunque fue en el 2015 cuando el concepto adquirió fuerza en España, este servicio de contenedores también tiene sus inconvenientes, considerándose a docker un sistema para personas con cierta experiencia en desarrollo DevOp y/o programación;

---

[44] Denominada así de forma coloquial en el argot de la informática a las distribuciones de diferentes sistemas operativos, o mismos sistemas operativos, pero con diferentes versiones y customización. Valga como ejemplo redhat, slax, gentoo, kubuntu, kali, slackware e infinidad de ellas.
[45] Programas independientes en sí, pero que pueden trabajar en conjunto, de ahí su versatilidad. Sus ventajas son entre otras la escalabilidad, funcionalidad modular y el uso de contenedores.

por lo que no se verá en este manual, que se basa en los principios fundamentales del OSINT y su comienzo desde la raíz, empezando prácticamente desde cero, pero para los lectores o analistas más intrépidos pueden instalar la distro *Kali Linux en docker*[46] siguiendo los pasos facilitados en la URL.

Comencemos con la instalación de los programas de virtualización en los diferentes sistemas operativos del host bajo Windows y MacOS, damos por hecho que si el analista usa como host alguna distribución Linux deberá ver la arquitectura y compatibilidad del sistema de virtualización.

De forma general se aplicarán los siguientes pasos:

1. Descargamos e instalamos VirtualBox/ VMware dependiendo del Sistema Operativo y/o preferencias de uso.
2. Descargamos el archivo TraceLabs
3. Dirigirse a la web de Kali Linux y se descarga directamente en imagen ISO, o en formato VirtualBox para Windows, si queremos virtualizar Kali
4. Instalamos en VirtualBox

Para Windows y Linux se aconseja instalar VirtualBox[47] por su sencillez y robustez, aunque tanto en Debian como en Ubuntu se podría instalar los paquetes necesarios de los programas a usar, y así preparar el entorno adecuado siguiendo los pasos de la web oficial.

Antes de descargar e instalar VirtualBox en Windows, y Vmware en MacOS, se explicará qué distribuciones usaremos virtualizada, y donde hallarla para su configuración en

---

[46] https://www.kali.org/blog/official-kali-linux-docker-images/

[47] https://www.virtualbox.org/wiki/Linux_Downloads

VirtualBox y Vmware respectivamente. Habrá usuarios que prefieran instalar VirtualBox en el sistema operativo MacOS, o viceversa, esta son también opciones, e incluso las dos plataformas de virtualización a la vez, una para cada sistema operativo, todo dependerá de la arquitectura y capacidad de RAM y Disco duro y preferencias personales del analista.

En primer lugar, nos dirigimos a la web oficial de TraceLabs[48], y descargamos la imagen en formato correspondiente, que puede configurarse tanto en VirtualBox como en Vmware directamente, como puede apreciarse en la siguiente imagen, se dispone de diferentes medios de bajada de paquete y sus actualizaciones correspondientes, recordad que el usuario es: osint y la contraseña es: osint.

Luego podemos ir a la web de Kali Linux[49], y seleccionamos la plataforma que mejor se adapte a nuestras necesidades, en este caso seleccionaremos directamente "*máquinas virtuales*".

---

[48] https://www.tracelabs.org/initiatives/osint-vm#downloads
[49] https://www.kali.org/get-kali/

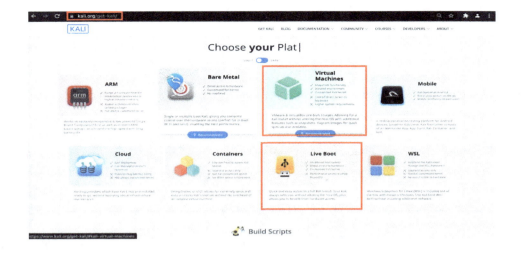

Se selecciona la arquitectura correcta del host o equipo anfitrión, siendo normalmente en la actualidad 64 bits, para los neófitos, la diferencia entre ambas arquitecturas (32 o 64), estiba en la capacidad de procesamiento de la memoria RAM, así pues, la de 32 podrá procesar menos RAM que la de 64 bits, siendo esta memoria necesariamente balanceada entre host y máquina virtual, para su correcto funcionamiento, aunque los sistemas operativos Linux no requieran grandes recursos.

Actualmente al instalar VirtualBox o Vmware se indica automáticamente la cantidad de RAM recomendada para la instalación requerida con respecto al sistema virtual y el anfitrión. Para Vmware, se selecciona "nuevo", y se abre una nueva ventana, posteriormente elegimos el archivo imagen de la máquina virtual o bien "arrastramos".

Ya importada la máquina virtual TraceLab (TL-OSINT), como se ha mencionada anteriormente, el sistema de virtualización nos dará una estimación de la memoria RAM y tipología de red (NAT[50]), para compartir con el sistema anfitrión. Si se quiere ampliar la memoria RAM, o bien cambiar la forma de conectarse la máquina virtual con internet, como, por ejemplo, cambiar a *modo bridge;* siendo esta la forma más sencilla de conexión, ya que la red local se extiende hacía el sistema invitado, y es independiente de la red, y aunque comparten el servidor DHCP[51], se asigna una dirección IP a la máquina virtual. Por otro lado, el modo NAT, es el recomendado por su sencillez, además los ajustes vienen por defecto entre el anfitrión y el huésped (Virtual). La asignación de la dirección IP del huésped, es de un DHCP virtual, aunque realmente el que se encarga de comunicar hacía internet es el firewall de la aplicación de virtualización, que es el mismo que solicita la dirección IP, por lo tanto, se estaría más protegido en las salidas a internet.

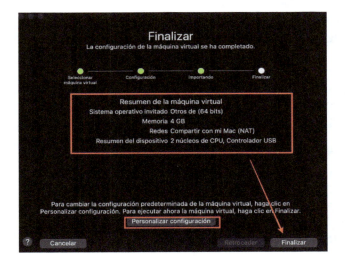

9.1. Instalación TL-OSINT:

Para verlo en imágenes, abrimos un terminal y se hace una petición para conocer la dirección IP asignada a la máquina virtual, como se ha mencionado en la página anterior, al usar el modo NAT, se asignará una IP privada; para comprobarlo tecleamos los siguientes comandos:

---

[50] Significa Traducción de direcciones de Red; permite el intercambio de paquetes, también se usa para conectar redes domésticas a internet.

[51] Servidor que asigna automáticamente una dirección IP al cliente, además de parámetros y configuración de la red a cada uno de los dispositivos y así poder comunicarse a otras redes.

>**ifconfig;** este comando se usa para configurar (*config*), la interface (*if*) de red, siempre que se acompañe con otros *modos* del comando. Si solo tecleamos el comando sin *modos* nos facilita la dirección asignada por el host, como si se tratara de una red ethernet o cableada (*eth0*).

>**whois xxx.xxx.xxx.xxx;** es un protocolo de petición (solicitud) y respuesta, para consultar en una base de datos los propietarios de DNS (dominios) o dirección IP en internet. El protocolo es TCP/IP. Sobre la base de datos de *whois*, se debe recordar que hay ciertos dominios que son privados por petición del propietario, esta privacidad sólo puede darse para determinados dominios, sin embargo, hay dominios que no permiten registrarse de forma privada, como el caso de los dominios españoles (.es); *si se pregunta el lector de la facilidad de registrarse con datos falsos,* es sencillo, pero entonces se hace un dominio bastante vulnerable, la opción es contratar a una tercera empresa con sus datos pero tendrá control total de tu DNS.

Para la instalación en VirtualBox, los pasos son muy similares a los vistos en Vmware, pero en este caso *clicamos* en "*importar*", y se selecciona la imagen (ova), de la **máquina virtual TL-OSINT**.

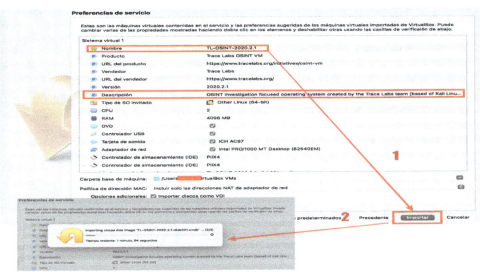

Antes de Importar la máquina virtual, se debe revisar las características generales por defecto, y observar si como investigadores en un proceso concreto se necesita un tipo de adaptador de red u otro (si preferimos un emulador distinto al Intel PRO), la memoria RAM (si queremos ampliarla) o dejarla por defecto, y si se necesitará acceso a los controladores USB, que siempre será recomendable para grabar datos, capturas de pantalla, descargas de información y backup del proceso de investigación.

Comenzamos arrancando nuestro **sistema TL-OSINT**, como se observa es una imagen customizada de la versión de Kali Linux, con las herramientas necesarias para investigar mediante fuentes abiertas, extraer datos de usuarios, buscar mails en dominios, y analizar información en general, además de sendas aplicaciones como navegadores, incluido el TOR browser y Chromium.

Las herramientas más útiles para un analista OSINT, son "análisis de datos", y "email" (ver imagen adjunta). El primer paso que se aconseja realizar en el sistema antes de comenzar con cualquier investigación, es realizar es buscar si existen actualizaciones, parches y cualquier mejora que existan para el sistema. Para aquellos que no estén familiarizados con las líneas de comandos Linux, se realiza la petición en el terminal de comandos, como se muestra a continuación en la siguiente imagen:

>**sudo su**; con esta orden entramos en modo administración para poder instalar

paquetes nuevos, parches de seguridad y cualquier actualización disponible. Nos pedirá la contraseña de administrador, en el caso de TL-OSINT, sería *"osint" (sin las comillas).*

>**apt-get dist-upgrade;** con esta orden se pide al sistema que haga una petición de solicitud de actualización (*upgrade*) de la distribución (*dist*) de Linux que se está usando.

Continuamos la actualización permitiendo que se instalen en el espacio libre asignado virtualmente los paquetes necesarios, para ello tecleamos "Y" (si en inglés); el terminal detallará en cada línea las actualizaciones que están siendo instaladas, si por cualquier razón *se quiere abortar* las instalaciones de los paquetes, pulsamos la tecla:

>*control+c*

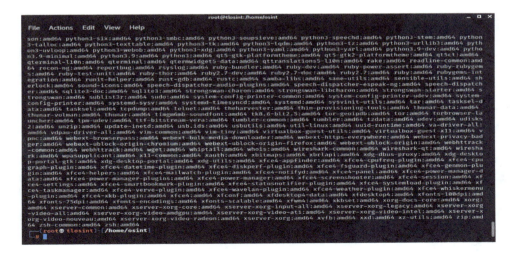

Se observa en la imagen la interrupción de la instalación por el comando tecleado. Si se opta por seguir la instalación de los paquetes, el *terminal* irá informando del proceso, en el caso de la imagen se lleva instalado un 12% que resta hasta llegar al 100% de las actualizaciones.

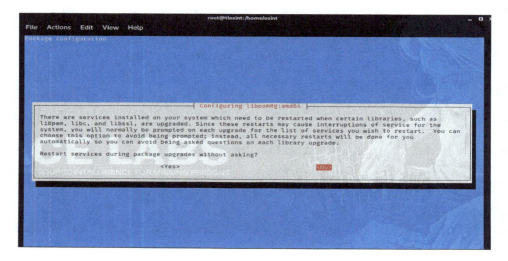

En el proceso de instalación puede aparecer una ventana de "*configuración de paquetes*", como muestra la imagen siguiente, debe elegirse entre reiniciar sin preguntar, conforme el proceso de actualización se desarrolla, o bien que antes de cualquier reinicio se pregunte.

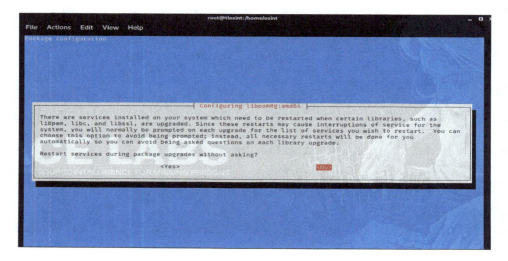

Seleccionada la opción de reinicio, el sistema preguntará en que parte de la máquina virtual desea instalar las actualizaciones, paquetes y la carga del del arranque GRUB. Se aconseja *seleccionar todas*.

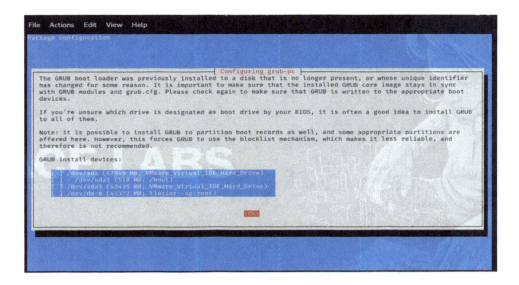

Realizado los pasos anteriores la instalación de las actualizaciones y paquetes nuevos continuará guardando en donde se haya seleccionado previamente; en este paso, se puede optar por cambiar la versión de la instalación o continuar con la que está en uso, además de poder editar y modificar el *script*.

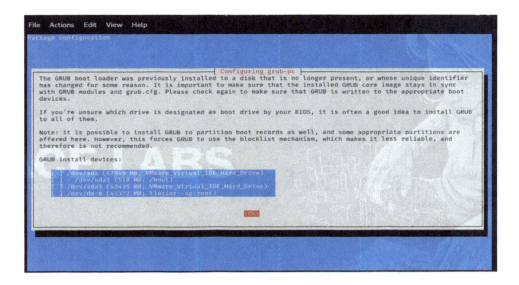

Se aconseja dejar la versión actual, puesto que nos centraremos en la instalación de actualizaciones y paquetes nuevos, así cómo en el funcionamiento de las herramientas de TL-OSINT, necesarias para llevar a cabo las investigaciones.

Realizada la configuración y la instalación de las nuevas actualizaciones, el sistema genera una nueva del archivo *initramfs*[52]. Con estos pasos se tendría el sistema listo para comenzar.

Para realizar la comprobación de que todos los paquetes han sido instalados y que además no haya ninguna otra nueva versión de librería, archivos o parches, procedemos con el siguiente comando (ya visto anteriormente):

>**apt-get dist-upgrade**

---

[52] Significa por sus siglas en inglés (Initial Ramdisk File System), sistema de archivo inicial de memoria RAM, es decir que contiene un pequeño sistema de archivos que se carga en la memoria RAM justo en el proceso de arranque del núcleo del sistema.

```
┌──(root💀tlosint)-[/home/osint]
└─# apt-get dist-upgrade   ←
Reading package lists ... Done
Building dependency tree ... Done
Reading state information ... Done
Calculating upgrade ... Done
The following packages were automatically installed and are no longer required:
  libboost-regex1.71.0 libdap25 libgdal27 libgeos-3.8.1 libgit2-28 libjs-sizzle libjsoncpp1
  libllvm10 libperl5.30 libplymouth4 libpython3.8 libpython3.8-dev libpython3.8-minimal
  libpython3.8-stdlib libqt5opengl5 libre2-8 libreadline5 libsane libstd-rust-1.46
  libwireshark13 libwiretap10 libwsutil11 libxcb-util0 node-jquery python3-crypto python3.8
  python3.8-dev python3.8-minimal qt5-gtk2-platformtheme ruby-connection-pool ruby-molinillo
  ruby-net-http-persistent ruby-thor xfce4-mailwatch-plugin xfce4-smartbookmark-plugin
  xfce4-statusnotifier-plugin xfce4-weather-plugin
Use 'sudo apt autoremove' to remove them.
0 upgraded, 0 newly installed, 0 to remove and 0 not upgraded.
```

Si se quiere prescindir de paquetes que no van a ser usadas por el sistema, se puede ejecutar >*apt autoremove,* el sistema eliminará las librerías y paquetes no funcionales.

```
┌──(root💀tlosint)-[/home/osint]
└─# apt autoremove
Reading package lists ... Done
Building dependency tree ... Done
Reading state information ... Done
The following packages will be REMOVED:
  libboost-regex1.71.0 libdap25 libgdal27 libgeos-3.8.1 libgit2-28 libjs-sizzle libjsoncpp1
  libllvm10 libperl5.30 libplymouth4 libpython3.8 libpython3.8-dev libpython3.8-minimal
  libpython3.8-stdlib libqt5opengl5 libre2-8 libreadline5 libsane libstd-rust-1.46
  libwireshark13 libwiretap10 libwsutil11 libxcb-util0 node-jquery python3-crypto python3.8
  python3.8-dev python3.8-minimal qt5-gtk2-platformtheme ruby-connection-pool ruby-molinillo
  ruby-net-http-persistent ruby-thor xfce4-mailwatch-plugin xfce4-smartbookmark-plugin
  xfce4-statusnotifier-plugin xfce4-weather-plugin
0 upgraded, 0 newly installed, 37 to remove and 0 not upgraded.
After this operation, 375 MB disk space will be freed.
Do you want to continue? [Y/n] █
```

Seleccionar *Y* (si), y como se muestra a continuación en la imagen comienza el proceso de eliminación.

```
Do you want to continue? [Y/n] Y
(Reading database ... 242446 files and directories currently installed.)
Removing libboost-regex1.71.0:amd64 (1.71.0-7+b1) ...
Removing libgdal27 (3.1.4+dfsg-1) ...
Removing libdap25:amd64 (3.20.6-3) ...
Removing libgeos-3.8.1:amd64 (3.8.1-1) ...
Removing libgit2-28:amd64 (0.28.5+dfsg.1-1) ...
Removing libjs-sizzle (2.3.5+ds-2) ...
Removing libjsoncpp1:amd64 (1.7.4-3.1) ...
Removing libstd-rust-1.46:amd64 (1.46.0+dfsg1-1) ...
Removing libllvm10:amd64 (1:10.0.1-6) ...
Removing libperl5.30:amd64 (5.30.3-4) ...
Removing libplymouth4:amd64 (0.9.4-3) ...
Removing python3.8-dev (3.8.6-1) ...
Removing libpython3.8-dev:amd64 (3.8.6-1) ...
Removing libpython3.8:amd64 (3.8.6-1) ...
Removing python3.8 (3.8.6-1) ...
Removing libpython3.8-stdlib:amd64 (3.8.6-1) ...
Removing python3.8-minimal (3.8.6-1) ...
Unlinking and removing bytecode for runtime python3.8
Removing libpython3.8-minimal:amd64 (3.8.6-1) ...
Removing libqt5opengl5:amd64 (5.15.2+dfsg-7) ...
Removing libre2-8:amd64 (20201001+dfsg-1) ...
Removing libreadline5:amd64 (5.2+dfsg-3+b13) ...
Removing libsane:amd64 (1.0.31-4) ...
Removing libwireshark13:amd64 (3.2.7-1) ...
Removing libwiretap10:amd64 (3.2.7-1) ...
Removing libwsutil11:amd64 (3.2.7-1) ...
Removing libxcb-util0 (0.3.8-3+b2) ...
Removing node-jquery (3.5.1+dfsg+~3.5.5-7) ...
Removing python3-crypto (2.6.1-13.1+b2) ...
```

Eliminado los paquetes y librerías, procedemos a realizar una actualización al sistema con los cambios realizados y descargados en la fase de *upgrade* (actualización de la distribución TL-OSINT).

>apt update

Instalado todo lo necesario, se procede de nuevo a comprobar los paquetes de la distribución y observar si realmente se encuentra actualizado al 100%. Si se ha seguido los pasos correctamente, quedará algo similar a la imagen siguiente:

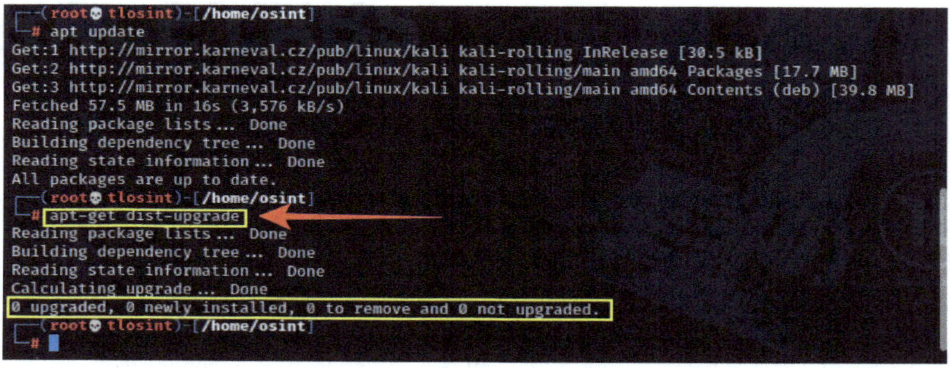

Se tendría listo el TL-OSINT de Linux, en capítulos sucesivos se irá viendo su uso con las herramientas de investigación.

9.2. Windows 10:

Para instalar Windows 10, nos dirigimos a la dirección oficial de Microsoft[53] de descargas de archivos de imagen ISO.

---

[53] https://www.microsoft.com/en-us/software-download/windows10ISO

Se selecciona la imagen de archivo de *Windows 10,* y confirmamos que es la distribución que se quiere descargar, así mismo hacemos con el lenguaje del sistema operativo, como puede apreciarse en la siguiente captura. En el caso en el que se esté utilizando un odenador con sistema operativo Windows podría no aparecer el link de descarga, pero se podría realizar con el Firefox (*User Agent Switcher*), explicado anteriormente, y así poder hacer que el ordenador parezca como otro sistema operativo, como MacOS.

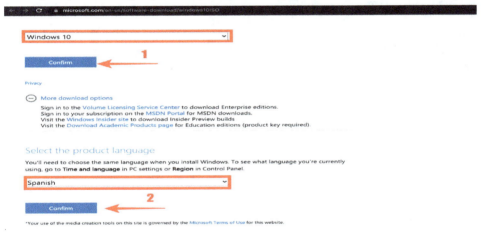

Confirmado ambas características del sistema que se quiere virtualizar, se da paso a seleccionar la arquitectura (32 o 64 bits), se selecciona 64 bits.

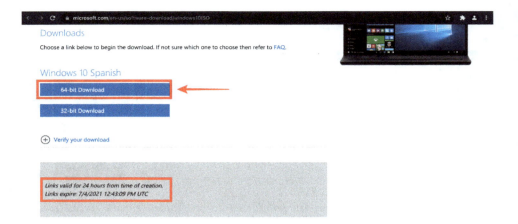

La web de Microsoft genera un link de descarga con una fecha máxima para su uso, si esta todo correcto y descargamos la imagen ISO, se tendría la ISO de Windows 10 lista para su instalación.

Se comienza la instalación de Windows 10 en VirtualBox, los pasos son detallados a continuación en las siguientes capturas:

Se selecciona *nueva,* y a continuación nombramos la máquina virtual; en este caso como se están instalando Windows 10, se ha nombrado como *Windows 10 Osint.*

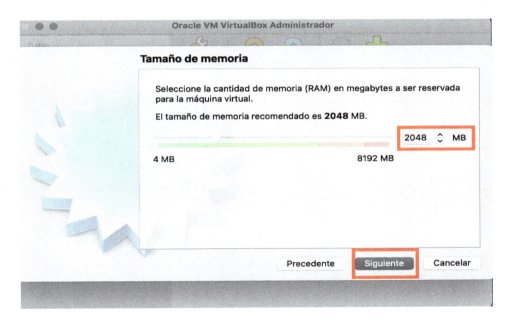

En el paso siguiente se halla la cantidad recomendada por defecto de RAM, como ya se ha explicado anteriormente, la cantidad de memoria RAM irá en función del equipo *host* que tengamos; por lo tanto, se puede editar y disponer de la cantidad que creamos conveniente, pero nunca mayor al 35% de la capacidad del equipo anfitrión.

Se selecciona *crear disco duro virtual ahora,* la capacidad de disco duro recomendada por defecto es más alta de la que realmente hará falta para los trabajos de investigación.

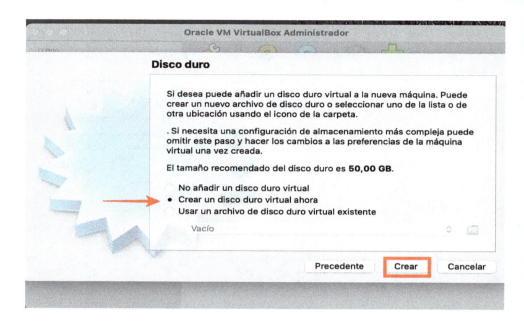

El tipo de archivo que se instalará como disco duro, será de tipo *VDI,* un tipo de imagen de disco virtual más sencilla para arrancar nuestra máquina, además de ser más rápida.

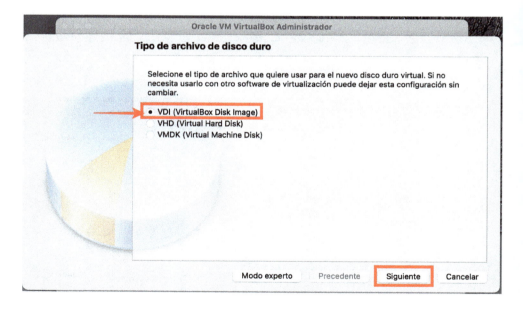

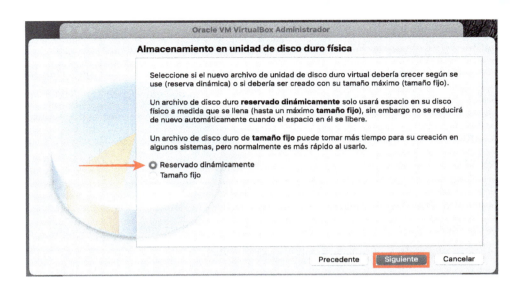

En almacenamiento, se selecciona *reservado dinámicamente,* este es algo más lento en el uso, pero es una opción mejor para los lectores que tengan un SSD, usando la capacidad según necesidades; si el lector prefiere agregar un tamaño fijo porque tenga más recursos en el host y más capacidad en un disco duro HDD, señalará *tamaño fijo* y *siguiente.*

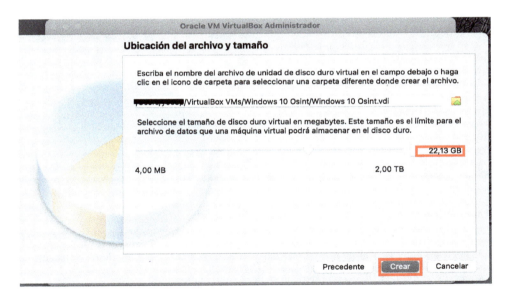

En el caso del ejemplo se ha seleccionado unos 22 Gb como límite, considerando que se usará Windows virtualizado para determinados programas.

Este concepto de virtualizar Windows para determinados programas como los que veremos en el siguiente capítulo, no es más que considerando que no se tenga un host bajo Windows, quizás el lector prefiere en este punto usar programas directo en el anfitrión y no virtualizar Windows 10, no obstante por experiencia *siempre se recomienda virtualizar máquinas que serán usadas para investigaciones*, puesto que con las descargas de archivos, la máquina corre un *riesgo controlado (sandbox) dentro del entorno virtual*, y de una gran sencillez de reparación en caso de ser necesario. En este entorno virtualizado no se tiene por qué instalar herramientas que ya se está usando en el anfitrión, aunque en el caso de muchos analistas cada virtualización es usada con un fín diferente, por lo que es posible tener dos Firefox por ejemplo, uno en anfitrión y otro en el entorno virtualizado, aunque realmente para OSINT la virtualización es para disponer de sistemas operativos exclusivos con script, y herramientas de extracción de información, datos y búsquedas de información online.

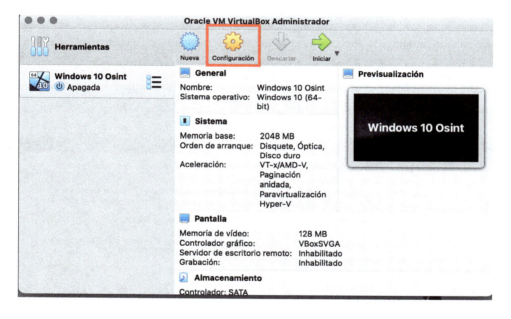

Realizadas estas operaciones, clicamos en *configuración,* y nos dirigimos a *almacenamiento*, y se comprueba que la unidad óptica (CD/DVD) esté marcada (1); clicamos de nuevo en el icono del CD (2) y se selecciona la ruta donde se encuentra la imagen de Windows 10, como puede apreciarse en la siguiente imagen.

En ese mismo apartado de *configuración,* se podrá editar cualquier otra necesidad de recursos, o incluso más tarde cuando arranquemos el Windows 10, se podrá cambiar características de la máquina virtual con respecto a los intereses de las investigaciones iniciadas, como puede ser el adaptador de red, la forma de salida a internet, la RAM incluso.

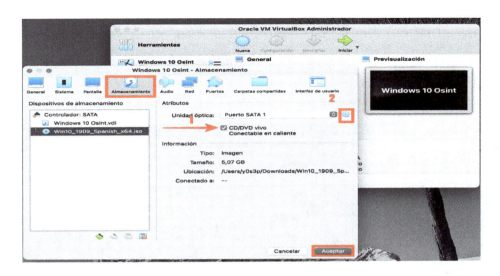

A partir de aquí ya podemos arrancar Windows 10 en la máquina virtual, con la instalación en VirtualBox, para instalar en Vmware los pasos son cómo los descritos en la página 74 de este manual.

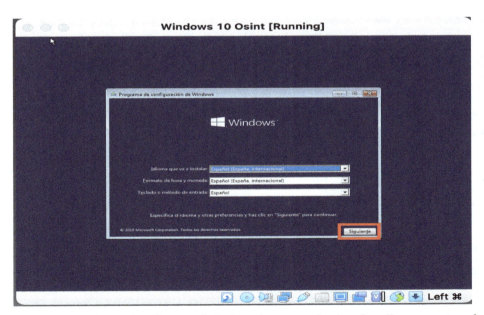

Se configura el lenguaje y formato de fechas y horas para la virtual, y clicamos en *instalar ahora, y* seguimos los pasos de la instalación de Windows 10. Conviene aclarar que la integración de la virtualización con respecto al host o anfitrión para el paso de información, o de los datos obtenidos en la máquina virtual se harán o bien "compartiendo una carpeta" (se selecciona en el menú de configuración), bien en el mismo menú, ir a "conectar USB" y pinchamos el pendrive en el anfitrión, que será detectado por la máquina virtual también, donde se elegirá dónde quiere conectarse (si al host o a la virtual).

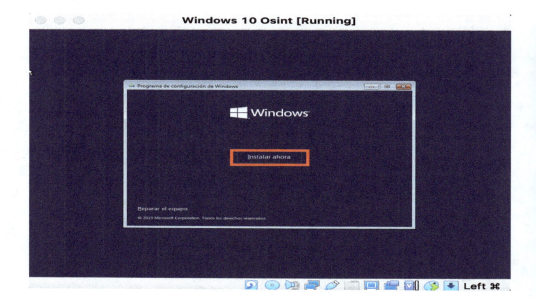

El sistema operativo Windows 10 virtualizado será usado para instalar posteriormente FOCA, uno de los programas más potentes e intuitivo para el estudio de los metadatos en archivos, además de otras funcionalidades que se puede ir añadiendo con *plugins*[54]. Alguno de ellos será de utilidad para cualquier investigación que se desarrollo en el ámbito empresarial, financiero, de seguros, e incluso de ubicar personas y datos en una determinada línea de tiempo. En el capítulo siguiente se verá como instalar FOCA, sus plugins y el uso de este potente programa con enlaces de diferentes tipos para una completa investigación OSINT, que junto con lo obtenido en Maltego, el investigador podría tener una relación de información importante sobre un objetivo u objetivos.

Capítulo 6: Herramientas OSINT

---

[54] Son un complemento o pieza de código cuya función es ampliar el radio de acción de un sistema o software.

Es una herramienta gratuita, desarrollada para Windows (el sistema ya instalado y explicado en el capítulo anterior), y sus siglas en inglés significan *Fingerprinting Organizations with Collected Archives.* Su funcionamiento principal está basado en la búsqueda de información contenida en metadatos, está desarrollada en .NET y utiliza bases de datos SQL Express. Fue creada en 2007 por informática64 y que hoy es la empresa ElevenPaths, conocida por ser la parte de ciberseguridad de Telefónica. Esta herramienta es de las más útiles en investigación OSINT, su uso puede reportar grandes satisfacciones, hallando datos, sitios, direcciones IP, y nombres de usuarios, y que sin esas extracciones sería prácticamente imposibles conocerlas en remoto, si bien es verdad que los metadatos, y como así ya se ha comentado, dependerán de muchos factores el que estén accesibles o no, o puedan ser de utilidad; aunque por la experiencia como analista se puede asegurar que es un porcentaje muy alto de información que puede ser obtenida de esta forma. Esos metadatos son información importante y relevante que pueden estar asociados a una organización, página web o incluso un enlace de usuario; con este programa se podrán obtener informaciones y piezas de estos súper datos incluso a partir de documentos en PDF, de MSW (Microsoft) y texto. Se aconsejaría usar el Windows virtualizado sólo para instalar y usar FOCA, no es necesario instalar ninguna otra herramienta más. Pero, ¿Dónde conseguimos FOCA? Y ¿Cómo se instala? Para comenzar nos dirigimos a la web de descarga de la FOCA, en la dirección de GitHub siguiente: github.com/ElevenPaths/FOCA/releases,

Seleccionamos el archivo ZIP y comenzará la descarga automática del programa para

Windows. Como se ha explicado en el capítulo número 9, en el caso de las máquinas virtuales, este programa lo instalaremos bajo la virtual de Windows 10, que es el caso del ejemplo.

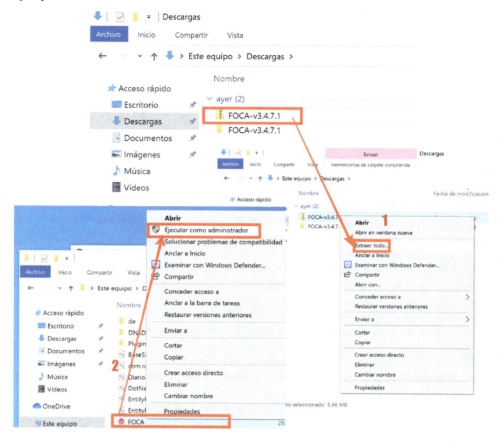

Seguidamente extraemos el ZIP (figura con el número 1), para ejecutar posteriormente el programa, que lo haremos bajo "administrador", clicando en el icono de FOCA (figura con el número 2).

Cuando el programa se ha ejecutado correctamente, se abrirá la ventana principal de FOCA, en caso de error de SQL, y aparezca el mensaje de *"conectarse a una base de datos SQL"*; se solventará de forma sencilla, instalando el programa SQL Express sin necesidad de configuración de la base de datos.

Cerramos el mensaje de error, y procedemos a descargar en la página oficial de Microsoft, la versión de SQL Express la edición básica. Una vez que esté descargado el programa de SQL, e instalado, evitaremos así el error anterior, ya que FOCA se conectará directamente al SQL.

SQL Server Downloads | Microsoft

https://www.microsoft.com/en-in/sql-server/sql-server-downloads ▾

SQL Server 2019 Express is a free edition of SQL Server, ideal for development and production for desktop, web and small server applications. Download now. Connect with user groups and data community resources related to SQL Server, Azure Data and diversity and inclusion. Learn more.

EXPLORAR MÁS

Microsoft SQL Server (free version) download for PC	en.freedownloadmanager.org
Download SQL Server Management Studio for Windows 10 Free ...	www.autotechint.com
Download Microsoft® SQL Server® 2019 Express from ...	www.microsoft.com
SQL Server Management Studio: MS SSMS Download & Install	www.guru99.com
Download Microsoft® SQL Server® 2017 Express from ...	www.microsoft.com

Recomendado para ti en función de lo que es popular • Comentarios

En la imagen siguiente se detallan los pasos de la instalación SQL en Windows. Una vez realizada la instalación, se podrá abrir FOCA sin ningún problema, y comenzar a realizar investigaciones y búsquedas de metadatos, datos e informaciones sobre direcciones web, usuarios, IP´s, y cualquier elemento que sirva para obtener inteligencia de nuestro objetivo, con el fin de comprender mejor sus movimientos.

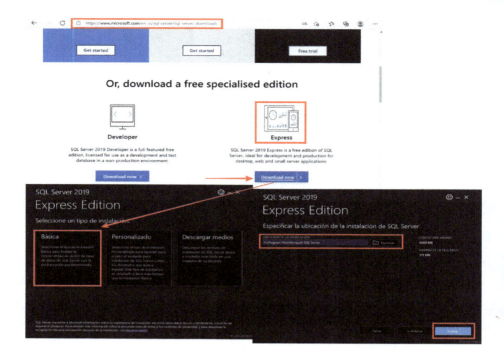

Abrimos FOCA, y nombramos el proyecto (imagen número 1) para poder continuar; en el caso del ejemplo se ha seleccionado como nombre "OSINT" (imagen número 2). Hay que mencionar que desde el inicio se debe poner la dirección de dominio del proyecto, en el ejemplo se ha puesto una dirección cualquiera "osint.cc" (imagen número 3); clicamos en "crear".

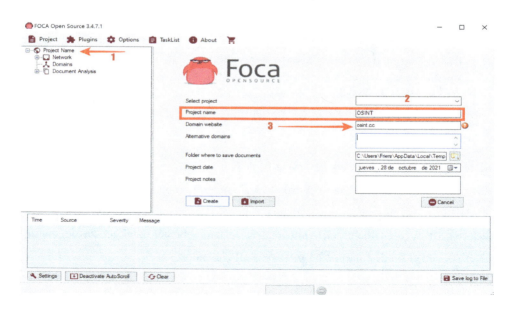

Si lo que se quiere es desde el inicio extraer la información de un dominio conocido, y obtener toda la información posible en diferentes motores de búsquedas, además de descargarse para su análisis cualquier tipo de documentos subidos al dominio o que tengan una relación directa con el propio domino, se pondrá en la zona número 3 de la imagen anterior el dominio a estudiar o la web.

Para el ejemplo se ha usado un dominio del ex presidente de la República del Ecuador, Rafael Correa Delgado, dicho dominio tiene la dirección: economiaenbicicleta.com; se realiza una búsqueda sencilla, sin plugins adicionales instalados, y se busca documentos que se haya subido a la web para su análisis, ya sean en formato PDF, o cualquier otro formato adicional de Microsoft (Word y PPT).

Se ha seleccionado diferentes formas de búsquedas para poder descargar la mayor información posible del dominio solicitado, si bien nuestro cometido no es el de descubrir vulnerabilidades en la configuración del dominio, del WordPress, ni parches de dicha web, no está de más tener toda esa información también del "objetivo ejemplo", aunque en este manual se omitirá cualquier posible vulnerabilidad hallada, puesto que no es el cometido de este libro.

Clicamos en los buscadores que queramos seleccionar, así cómo las extensiones de los formatos de documentos que queramos que la FOCA busque para nuestra investigación, y presionamos en *"search all"* o "buscar todo".

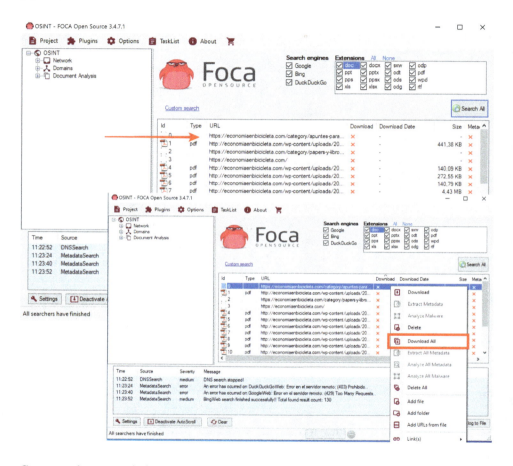

Como se observa en la imagen, realizada la búsqueda completa por FOCA, aparecen los documentos hallados en el dominio, documentos que posiblemente se halla colgado para descarga de los lectores y seguidores, y de diferentes temáticas del mundo de la economía; como investigadores lo que interesaría es ver si existe en los metadatos de los documentos nombre de usuarios, fechas exactas, rutas de subida, por ejemplo.

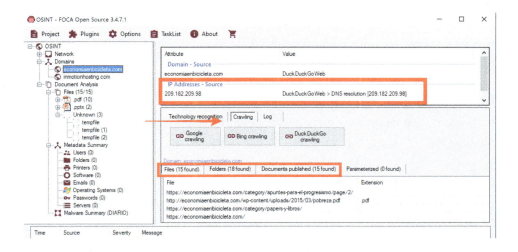

Con los documentos obtenido, se observa que hay publicados un total de 15 documentos, en su mayoría PDF, pero además FOCA nos informa que existen 18 carpetas contenedoras de esos documentos, pero a esto se le añade la búsqueda de Crawling con los diferentes motores y se encuentran finalmente la cantidad de 51 carpetas y 44 documentos.

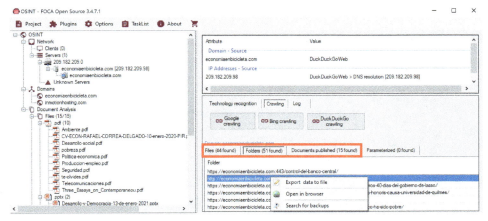

Con los metadatos del dominio, podemos tener nombre de usuarios que han subido los documentos, desde donde, la ruta completa de donde se alojan, incluso páginas que no están indexadas, pero puede hallar la ruta de acceso directo a esas carpetas.

Es importante para el investigador o analista conocer las cualidades de cada tipo de archivo que se descarga, y el tipo de información que cada uno de ellos puede aportar. Los ficheros Microsoft Office, por ejemplo, albergaban muchísima información adicional, como el nombre del creador, o de la máquina que salió dicho documento, e incluso un historial de uso del documento, algo muy útil para los análisis OSINT; aunque es cierto que cada vez registran menos datos o quizás no tantos como ante, aún puede extraerse mucha información haciendo un buen uso de la FOCA.

Los PDF son los que más información dan del software, de dirección URL como rutas, los links de las direcciones y datos de autor e incluso mail registrado, hay veces que se logra extraer información de XMP borrados en el documento.

Un aspecto importante para los investigadores es saber identificar los falso positivos que en el estudio de una dirección, dominio o web pueden darse, y son los siguientes: datos obsoletos o antiguos, podría ser el caso que aparezcan ficheros con información anterior, antigua o que no sea de importancia relevante para la investigación porque se esté desarrollando una investigación de eventos puntuales precios y posteriores.

Los datos de terceras partes, es decir, información que aparezca indexada en la web o dominio investigado pero que realmente su función no es más que ser un fichero de una organización independiente aún publica en dicha web.

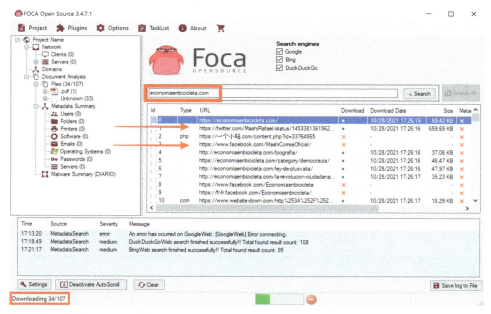

Pero si quisiéramos analizar directamente los metadatos de un dominio o una dirección URL, FOCA permite realizarlo, como en la imagen anterior, que se puede ver como extrae información de enlaces, y permite descargar los datos y metadatos.

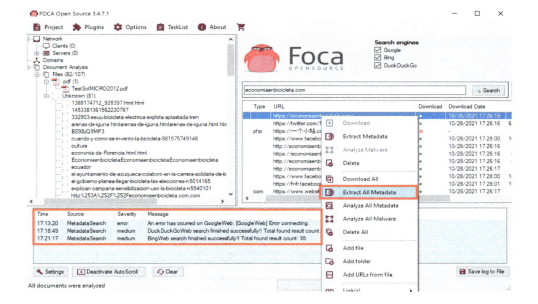

Clicamos en el rato con el botón derecho, y pinchamos en *"75xtracta ll metadata"* *(extraer todos los metadatos)*, de esta forma se puede descargar la información complementaria de lo que haya en el dominio.

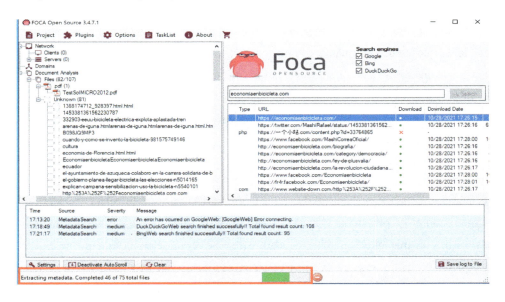

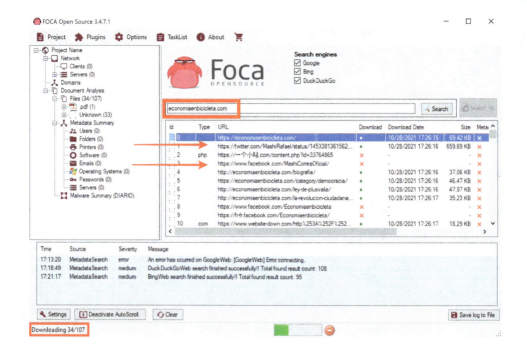

Como experiencia de analista OSINT, en casos de búsqueda de usuarios detrás de cuentas falsas que amenazan en la red (doxing), o usan cuentas *sock puppet,* para otras finalidades delictivas (ciberbullying, sexting y otras variantes)*,* es que es de gran importancia las relaciones que pueden originarse, filtrarse y obtenerse por este método. Hay personas que enlazan de una forma u otra las cuentas falsas con cuentas verdaderas, porque así pueden ver desde otros dispositivos, y cuentas los comentarios, e interactuar con ellas de alguna forma, este hecho ocurre en un 70% de los casos de análisis de estas cuentas en Latinoamérica.

Como ejemplo de la web que se ha analizado para realizar un análisis FOCA se ha podido ver cómo el actual Presidente de Ecuador Guillermo Lasso está linkeado (doesfollow imagen) con el ex presidente Rafael Correa; no es obviamente ningún descubrimiento pavoroso, y es más que lógico en realidad, pero sirva como ejemplo que puede existir estos detalles en otras cuentas que se analicen en el futuro y que deben tenerse en cuenta, en ciertos momentos se ha podido usar el mismo método con un enlace de twitter directo.

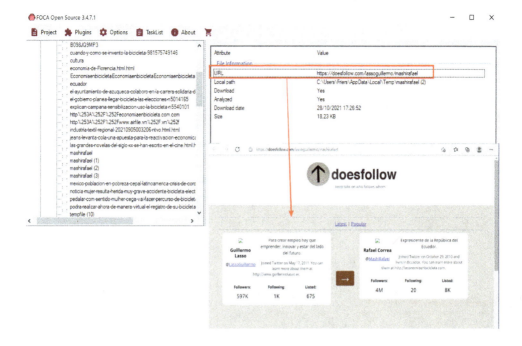

Incluso podríamos analizar directamente la cuenta de Twitter del ejemplo anterior con FOCA. Se observa que facilita datos e información de enlaces, vínculos y documentos de una cuenta de usuario en particular. Esto puede realizarse con otras redes sociales.

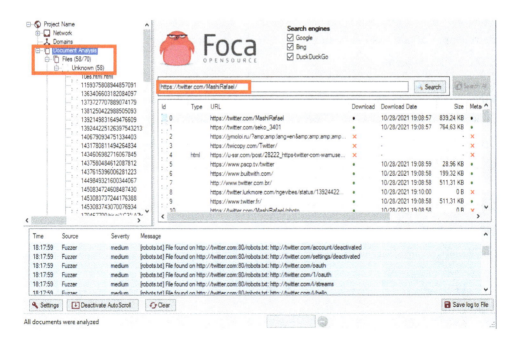

Si además de los análisis online, se necesita realizar un análisis de tipo offline, y extraer los metadatos de un documento que hemos descargado previamente, o bien se ha obtenido de alguna otra parte (online), se podría realizar de la siguiente forma:

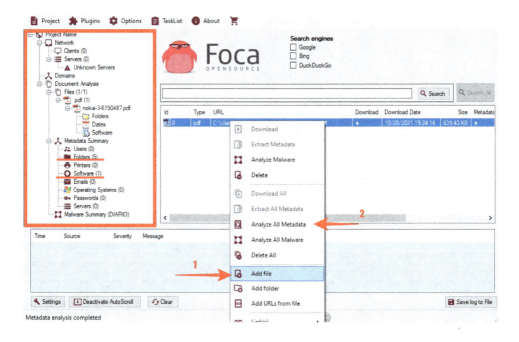

Se ha podido extraer los datos relativos al software usado para crear el PDF, las carpetas de rutas por donde pasó el documento, la fecha de creación, usuario y donde ha estado ubicado el documento.

Finalizamos este capítulo de FOCA, mostrando como se instalan los plugins, si bien, cada investigador debe considerar cual es el más adecuado a sus actuaciones como analista, se verá la forma de instalarlos y cómo realizar en FOCA el procedimiento para agregarlo al sistema.

Lo primero es dirigirnos a la web de: elevenpaths.com/innovation-labs/technologies/foca. pinchamos en *"foca market"*.

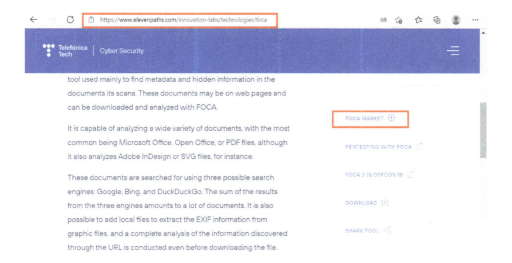

tool used mainly to find metadata and hidden information in the
documents its scans. These documents may be on web pages and
can be downloaded and analyzed with FOCA.

It is capable of analyzing a wide variety of documents, with the most
common being Microsoft Office, Open Office, or PDF files, although
it also analyzes Adobe InDesign or SVG files, for instance.

These documents are searched for using three possible search
engines: Google, Bing, and DuckDuckGo. The sum of the results
from the three engines amounts to a lot of documents. It is also
possible to add local files to extract the EXIF information from
graphic files, and a complete analysis of the information discovered
through the URL is conducted even before downloading the file.

FOCA MARKET ⊕

PENTESTING WITH FOCA

FOCA 2 IN DEFCON 16

DOWNLOAD

SHARE TOOL

Y entraremos en la sección de plugins disponibles para FOCA, además de los diferentes plugins en FOCA puede usarse las API KEY de diferentes servicios como Shodan para realizar búsquedas mucho más profundas y con otras finalidades.

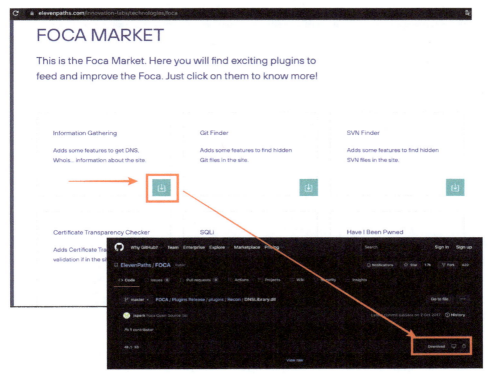

Se nos abrirá el enlace de ElevenPaths en GitHub, y solo debemos dirigirnos a *"descargar,* y guardamos el plugin o bien en la carpeta de plugin de FOCA, o directamente en C: (raíz disco duro) para evitar errores de instalación en algunos de ellos; en algunos casos da error en instalaciones virtualizadas si ubicamos las descargas de plugin en otra carpeta.

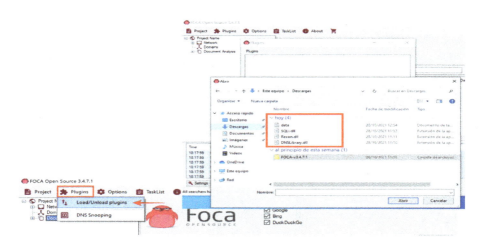

Abierto FOCA, pinchamos en *plugins > cargar plugins*, y se abrirá una ventana de nuestro sistema operativo para buscar los plugins descargados previamente, seleccionamos el plugin que primero queramos instalar y clicamos en *abrir*.

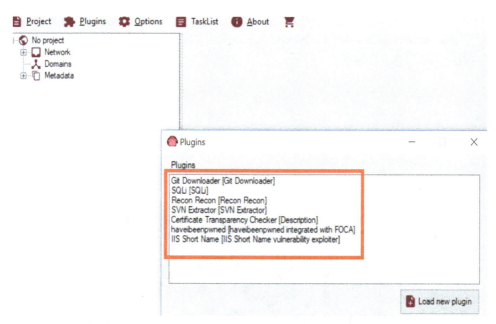

Cuando los plugins necesarios para la investigación estén cargados, serán accesibles desde la pestaña de plugins, tan sólo pinchando en el necesario. En la actualidad con la

FOCA 3.4.7.1, existen diversidad de plugins y APIS que hacen que sea aún más potente este programa y necesario en cualquier investigación OSINT.

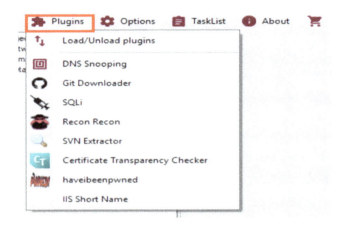

Si durante la instalación de los plugins se obtiene algún error (a veces ocurre), se debe solucionar de la siguiente forma: Dirigirse a cada uno de los plugins que se ha descargado, clicamos botón derecho, propiedades. Una vez en propiedades, en la parte de "seguridad" *(<<este archivo proviene de otro equipo y podría bloquearse para ayudar a proteger este equipo>>),* pinchamos en "desbloquear".

Esta es la forma de evitar que Windows lo bloquee, y permita añadir cada plugins que se necesita para el uso de FOCA. Personalmente recomiendo instalar todo los plugins, pues son realmente interesantes a la hora de realizar análisis de metadatos en documentos, fotos, imágenes de cualquier tipo.

Si al instalar los plugins, se observa que al volver a abrir FOCA los plugins no se encuentran instalados, se debe en algunas ocasiones a la propia configuración de FOCA en el sistema invitado. En el caso que la configuración esté correcta, y persiste el error se tendría que volver a establecer los plugins (volver a instalarlos), o instalar el plugins concreto para el trabajo que se esté desempeñando como anaista OSINT.

Para los investigadores que no estén familiarizados con este programa, diremos que es un software gráfico para OSINT, y que permite establecer relaciones entre diferentes entidades, denominadas así las empresas, personas, grupos, organizaciones, e incluso servidores y direcciones web; a día de hoy es uno de los más consultados para análisis, su uso y manejo es sencillo, pero se deben conocer con destreza las habilidades básicas, para poder sacarle rendimiento a la versión comunitaria o gratuita.

Esta herramienta accede a los datos públicos que están indexados en internet, dando como resultado una gráfica del objetivo (*entidad*) de manera sencilla e intuitiva; para realizar las investigaciones del objetivo, Maltego utiliza unas opciones denominadas *transformadas,* que son cada una de las operaciones que se realizará al objetivo para producir información o inteligencia. Maltego viene incluido en Kali Linux, aunque se puede instalar en otro sistema operativo, como Windows y MacOS, y su versión no permite más de 12 entidades resultantes de investigación.

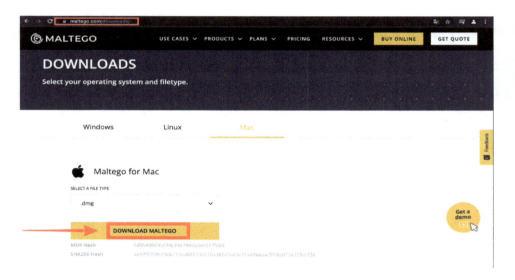

Para descargar Maltego, nos dirigimos a la página maltego.com, y en descargas, seleccionamos el sistema operativo que se adapte a nuestras necesidades, tanto si es en el host directamente, o si bien, es para uno de las máquinas virtuales instaladas anteriormente. En el caso del ejemplo se descargar para un host con MacOS.

Las *transformadas* de Maltego se encuentran tan solo arrancando el programa, pueden observarse todas las disponibles para instalar. Como se ha comentado anteriormente en diferentes programas como FOCA que usa aplicaciones o plugins, que necesitan de las APIS Keys para funcionar, en Maltego también hay transformadas que necesitan de las funciones de API Key para conectarse con el servicio solicitado.

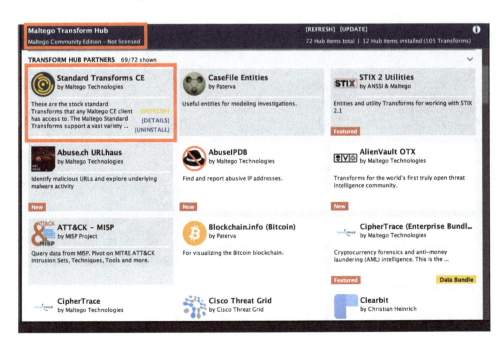

Son opciones muy interesantes, puesto que nos permite acceder a información con servicios diferentes, como Shodan directamente desde Maltego, y con todas sus funciones disponibles.

Para instalar las transformadas que como investigador puede interesar, señalando con el ratón por la transformada deseada, clicamos en la opción de instalar, y automáticamente esa transformada estará disponible para funcionar con el objetivo designado en la investigación.

Shodan[55] necesita para concatenarlo a Maltego tener una cuenta de usuario, que provee de un número de API Key para instalar posteriormente en otros servicios, pero en este caso en Maltego.

Pero… ¿Cómo obtenemos la API Key?, para los analistas que no hayan usado antes Shodan, se detalla a continuación como realizarlo de la forma mas sencilla; primero nos dirigimos a la web shodan.io, nos registramos o bien con los datos que queramos aportar o bien, podemos conectarlo con alguna cuenta de google disponible. Realizado el registro, clicando en *"configuración",* aparece el API Key de usuario, tanto en código QR, como en texto (se puede copiar y pegar) en Maltego.

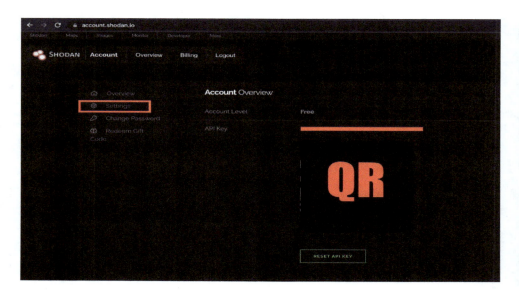

---

[55] https://www.shodan.io/. Buscador de cualquier elemento conectado a internet. Capacidad para descubrir a través de inteligencia de internet como se conectan, con qué máquinas, dónde e incluso los administradores. Muy útil para tomar decisiones con respecto a organizaciones.

Copiado el API Key, lo pegamos en la transformado Shodan en Maltego, y desde ese momento podemos usarla directamente en investigaciones de objetivos que se estudie con Maltego.

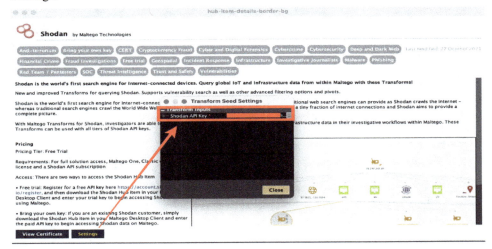

Es obvio que cada una de las transformadas irán mejor para un tipo de investigación u otra, por ejemplo, *Pipl*[56], que tiene gran cantidad de información, y aunque es de pago es realmente útil y compensa por la información obtenida.

En el pasado la he usado para investigaciones realizadas en Latinoamérica, de objetivos que en ese momento vivían en los EEUU, con resultados realmente satisfactorios; pero quizás a un investigador privado o analista OSINT en España no le servirá igual, puesto que la publicación de datos de antecedentes policiales, número de teléfonos y ciertas informaciones de las personas están protegidos por la Ley de Protección de Datos de carácter personal, e incluso por seguridad permanecen ocultas para la población general, y sólo accesibles para las FFCCSE.

Configurado Maltego, si queremos comenzar una investigación de un objetivo, clicamos en la opción A de la imagen, y se nos abrirá una ventana con el nombre "Nueva gráfica 1", que podemos cambiarla al nombre que le designemos al objetivo que vamos a investigar.

---

[56] Con más de 3 millones de perfiles. Pero la mayoría trabaja con datos de los EEUU.

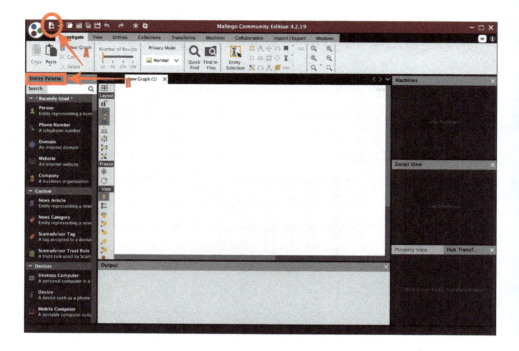

En la opción B de la imagen, se puede observar las *entidades,* que será la forma del objetivo, es decir, si es una persona, por ejemplo, seleccionaremos "persona" en el lado izquierdo, pinchando en el icono *persona,* sin soltarlo arrastramos hasta la zona blanca de la "Nueva Gráfica". Lo mismo si es empresa, dns, web, dispositivo, número de teléfono o cualquier dato con lo que el investigador decida comenzar.

Para investigadores privados y/o analistas OSINT que usen Maltego para la realización de un informe sobre "persona" se deberá tener en cuenta que en determinadas zonas geográficas (país) en el que se establezca la investigación, o la nacionalidad de la persona objetivo, se deberá contar con más *transformadas* y API Key relativas a la conexión con bases de datos de pagos.

No obstante, se verá un ejemplo a continuación con la *entidad* persona sin la API Key de ninguna *transformada* o función, tan sólo la que viene por defecto en Maltego. Para nuestro ejemplo seleccionamos la figura del controvertido actual presidente de Venezuela, Nicolás Maduro Moros.

Seleccionamos *personas,* arrastramos a la gráfica y soltamos, y seguidamente introducimos el nombre seleccionado, que sería el objetivo definido, y se solicitará que se introduzca los datos de donde se quiere precisar y afinar la búsqueda, como *código de país,* en el caso del ejemplo se ha puesto "us" (EEUU), pero el *código del lenguaje* sería "es", por la razón que como analista en este ejemplo concreto se prefiere ver datos que estén en español, pero podría ponerse otro lenguaje, e incluso más de uno. Las fechas se puede seleccionar con un *time line* preciso.

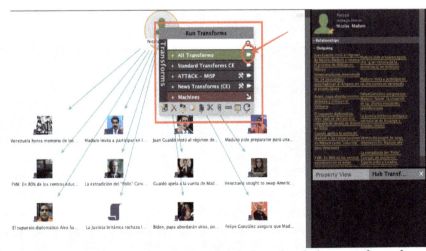

Clicamos con el ratón en el botón derecho, se abrirá el cuadro de las *transformadas,* y seleccionamos "todas las transformadas", y Maltego se pondrá a trabajar, extrayendo toda la información disponible en fuentes abiertas acerca del nombre del objetivo, como noticias, boletines publicados y cualquier información que pueda haber dentro de los parámetros dados para la búsqueda. Se observa que el objetivo tiene numerosas noticias en prensa, enlaces con vínculos a diferentes webs, dominios, direcciones de mails, números de teléfonos y otros datos de interés. Cada uno de estas *entidades,* además posee su información para completarla con mas transformadas y ampliar así la información.

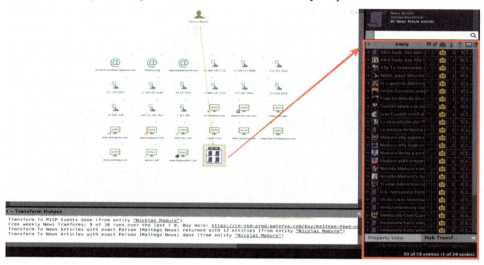

Como noticia o información que pudiera ser de interés, se halla en la web oficial de la DEA (United States Drug Enforcement Administration), *los cargos que pesan actualmente sobre el objetivo y 14 ex oficiales de Venezuela por narco-terrorismo, corrupción, tráfico de drogas y otros crímenes (según fuente de la DEA).*

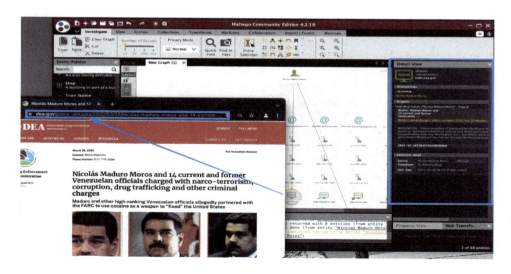

En este manual no se centra en valorar al objetivo del ejemplo, ni a realizar un análisis exhaustivo del propio objetivo, ni sus círculos de confianza, pero cualquier investigador o analista OSINT podría seguir realizando las investigaciones de esta forma sobre cualquier objetivo o target del que se vaya a analizar.

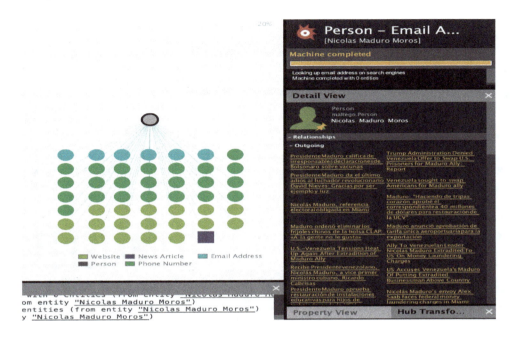

Reduciendo el zoom de la gráfica podemos obtener una idea de las entidades que del objetivo existen con la búsqueda básica realizada; en el cuadro de *vista en detalles,* se puede acceder directamente al navegador y a la noticia, o bien a los datos hallados. Si la información obtenida sirve para la investigación, se podría grabar el informe de Maltego, o bien guardar la gráfica e investigación, que hasta el momento se ha efectuado

Se puede guardar en formato encriptado, pero como ya mencionamos en el presente manual, los informes deben ir todos cifrados en el contendor de VeraCrypt, o cualquier otro sistema para cifrar. En el caso que se necesite generar un informe en PDF, Maltego tiene la opción de *generar reporte,* y poder imprimir o adjuntar en el informe de análisis final.

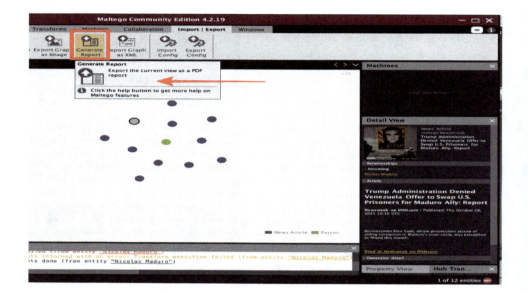

6.3: Dorking:

Comenzamos definiendo que es *dork,* esta palabra al español significa *descuidado,* o algo peor, aunque lo definiremos más bien como *una persona que comete un error y lo publica sin darse cuenta;* quizás sin tener los conocimientos necesarios de borrar metadatos, e información de documentos que suben a internet o publican en alguna red. Google indexa automáticamente los sitios web buscando las cabeceras, y rastreando los archivos robots.txt, entre otros métodos que los algoritmos de búsquedas realizan para ser lo más rápido y precisos con lo solicitado, y a menos que el webmaster o desarrollador explicite que no se indexen determinadas informaciones (nofollow) o especificar en el robot.txt los buscadores lo indexarán y estará accesible a cualquier persona.

¿Por qué esta técnica está siendo tan usada en la actualidad? La respuesta es, que se ha encontrado mucha información sensible haciendo búsquedas indiscriminadas, pero con operadores dork, sobre términos específicos como sql, mysql, php y diferentes códigos hallándose vulnerabilidades y web totalmente accesible por una simple inyección de código básica.

En casos de investigadores y/o analistas OSINT que deseen buscar específicamente números de teléfonos, número de documentos de identidad nacional (DNI), mails, o cualquier otro parámetro que con los operadores adecuados pueda centrar la búsqueda en lo estrictamente relacionado. pueda obtener datos de alguna persona o empresa origen de una investigación.

pero… ¿Qué ocurre cuando queremos buscar algo muy concreto? Pues la respuesta es que necesitamos de técnicas dorking, o lo que es lo mismo, los dorks, que son esos códigos que facilitan las búsquedas exhaustivas de detalles, o bien de elementos muy concretos, conocidos como operadores también. Para familiarizarnos con los operadores dork, nada mejor que dirigirnos a la web de: exploit-db.com/google-hacking-database (GHDB), en la web de exploit encontramos una base de datos completas de todos los códigos para diferentes temáticas de búsquedas, como por ejemplo Android, IOS, Windows, MacOS, o cualquier otro elemento base que nos interese.

Como investigadores o analista OSINT, en algunas ocasiones se focaliza mucho más en personas y/o empresas, que, en debilidades en sistemas informáticos, y vulnerabilidades en web o servidores, por lo que indicaremos los dork más notables para el cometido de un investigador privado.

Los operadores de la base de datos GHDB son útiles para la obtención de información, que sustituyendo la clave de búsqueda por el parámetro que se necesite hallar, se definirá en el buscador Google los datos concretos que se quieran para la investigación, así la información no necesaria no saldrá; en el ejemplo siguiente de la imagen buscamos en la base de datos el operador *"inurl"*, que hace que los resultados que se busquen sean en aquellas webs que contengan la clave.

Pero antes de adentrarnos en los operadores, se comenzará con el objetivo de la búsqueda de personas, y datos de personas concretas de la que se esté recolectando y obteniendo información, efectivamente podríamos ir directos a los boletines del estado y ahí buscar nombre, apellidos o los parámetros que en ese momento se tengan, pero lo cierto es que es mucho más eficaz y rápido el uso de los dork para concretar esas búsquedas, y que directamente se pueda ver en una sola pantalla del buscador, donde esta alojada esa información; no olvide el investigador o analista OSINT, como se ha descrito en este manual que las fuentes deben ser guardadas con detalles para luego plasmarlas en el documento de investigación o informe general.

Entonces, veamos los operadores básicos de búsquedas, centrados en datos de personas (DNI, NIE o NIF) o empresas (CIF).

> **>"nombre apellido"**
> **>"CIF XXXXXXXXX" OR " XXXXXXXXXX" OR " XXXXXXXXXX-A"**
> **>"D.N.I. XXXXXXXXX" OR "XXXXXXXXX-B" OR "YYYYYYYYYY"**

Si buscamos a una o dos personas, podemos indicar en el dork los dos documentos de identidad si los tenemos; en caso de que no se disponga, se hará con nombre y/o apellidos;

si esto tampoco, habría que comenzar la búsqueda con otros factores como *"inurl"; y así* hallar algún parámetro dentro de alguna web.

>**Inurl:nombre apellidos**
>**inurl:nombre apellido**

De igual forma, se puede construir con las claves o parámetros diferentes órdenes de comandos para el buscador y poder obtener información y datos aún más específicos.

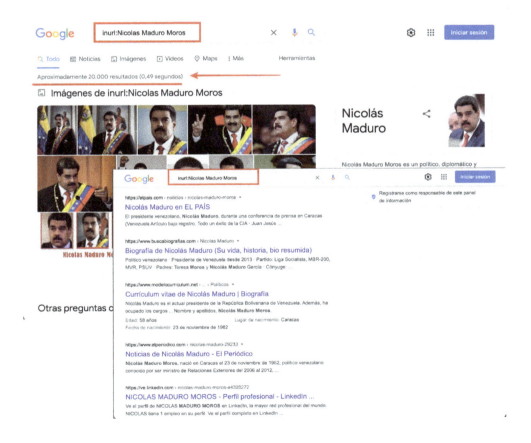

Como se ha descrito anteriormente, los resultados son más específicos con el dork, dando como resultado veinte mil entradas, sin embargo, si quitamos el operador dork *inurl,* las entradas pasan a casi cuatrocientas mil.

Ahora si buscamos una empresa, de la que se ha hecho eco muchos periódicos de diferentes países de Latinoamérica e incluso en España; será usada en esta ocasión para el ejemplo del operador dork inurl con el CIF, que en el caso de Venezuela se denomina RIF, y para buscar con esos parámetros y poder extraer más información sobre el RIF seleccionado.

Se buscaría datos RIF de la empresa nacional de Petróleo de Venezuela S.A., datos contenidos en la URL, con el operador *inurl,* y se haría lo siguiente:

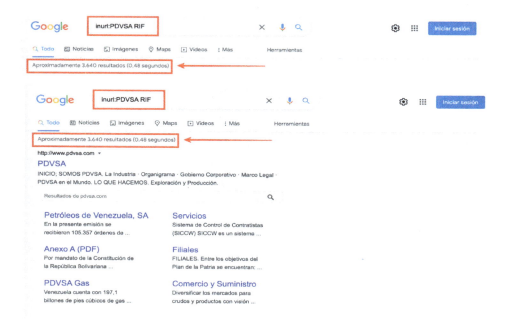

Con el número de RIF, se podría volver a realizar una búsqueda con los diferentes parámetros en un solo comando dork con el operador adecuado. Se recuerda a los analistas y/o investigadores OSINT que los buscadores deben ser adaptado a la zona geográfica donde se estén realizando las búsquedas, es decir, podemos disponer de una IP de Venezuela, o bien la dirección IP más cerca geográficamente, además del lenguaje, que en este caso se aconseja que se busque en español, aunque para profundizar se podría buscar en inglés con IP de EEUU.

El comando *>allinurl:clave1 clave2,* con el operador *allinurl,* se mostrará todas las direcciones URL donde estén esas claves o parámetros, pero la construcción del dork es como *inurl,* para que pueda verse con un ejemplo se hará una búsqueda con el operador allinurl y los parámetros de las búsquedas anteriores.

>allinurl:PDVSA RIF OR "PDVSA corrupción" OR "PDVSA"

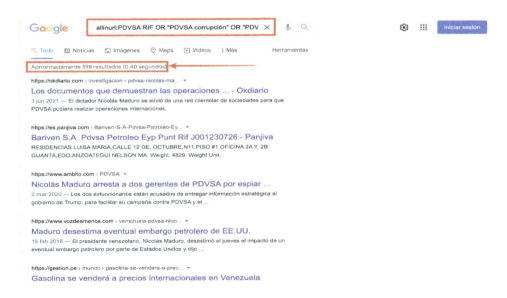

Otros operadores necesarios, serían los que se obtenga información de los títulos simplemente, y para ello se cuenta con *intitle,* seguido de la clave o parámetro, a diferencia de *allintitle,* que buscará exactamente el orden de las claves introducidas.

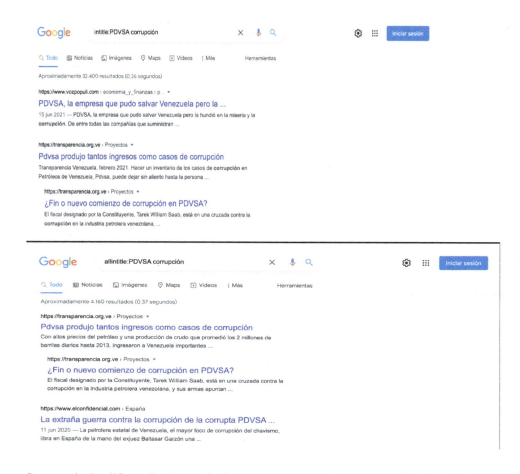

Se aprecia la diferencia de resultados entre un operador y otro, siendo los mismos parámetros o claves, pero como se ha comentado, un operador es para obtener información de las dos claves, pero no deben porque estar unidos en el título, y el otro (allinintitle) si deberán estar los parámetros en el título.

Cuando se trata de buscar datos dentro de *sites,* o páginas web completas, excluyendo los títulos y por supuesto también las URL´S, realizaremos los dorking con *intext,* esto permitirá buscar dentro del cuerpo de la web, así cómo en los operadores anteriores, tiene su operador más preciso (allintext).

>**intext:corrupción Nicolas Maduro**

>**allintext:corrupción Nicolas Maduro**

En la imagen siguiente se observa esa diferencia entre el operador más preciso (allintext) con respecto a los parámetros que estamos definiendo en la búsqueda.

Cada operador y comando dork será usado a criterio del investigador y/o analista OSINT y los datos que precise buscar, aunque con estos pocos operadores mencionados hasta el momento se pueden construir comandos dork más avanzados, como se ha visto en los ejemplos.

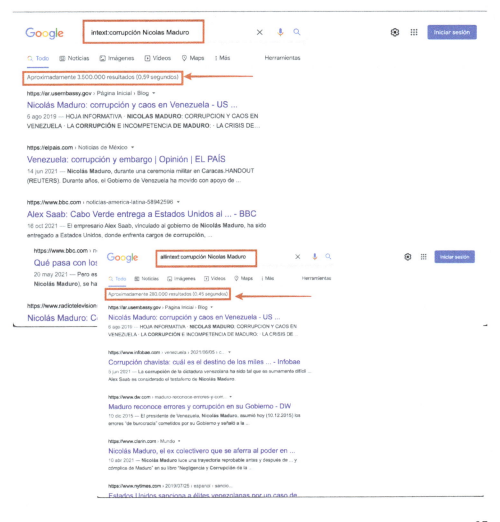

Si además de estos comandos y operadores, se necesita ver información de datos generales en redes sociales a través de la técnica dorking, se puede realizar con el operador *site,* y se construye de la siguiente forma:

>Site:facebook.com/groups/clave o parámetro

De manera específica, como se ha visto en el presente capítulo se podría formar los comandos con los operadores y con diferentes parámetros, y en lugares específicos de grupos, páginas de países, por ejemplo, en Facebook.es, y en vez de *groups,* ponerlo en español, es decir:

>Site:facebook.es/grupos/clave o parámetro

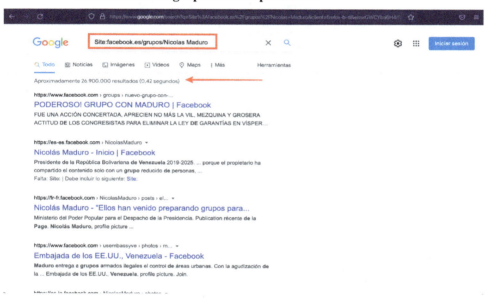

Como se ha mencionado, se podría construir una línea de comando con estos dork para buscar mas cosas sobre el mismo tema de investigación (clave), y con más salida de datos. Pero si queremos unir varias redes sociales en el dork:

>Site:facebook.com OR site:Twitter.com OR site:Instagram.com OR site:linkedin.com clave o parámetros

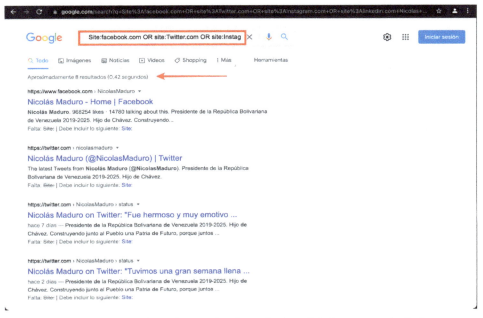

Con respecto a Twitter existe el operador *lista (list)* pudiéndose poner indistintamente; esto se usará para búsquedas directas desde Google las publicaciones listadas de la clave, y el dork se ejecuta de la siguiente forma:

>Site:Twitter.com/*/list/Clave1 Clave2 o parámetro

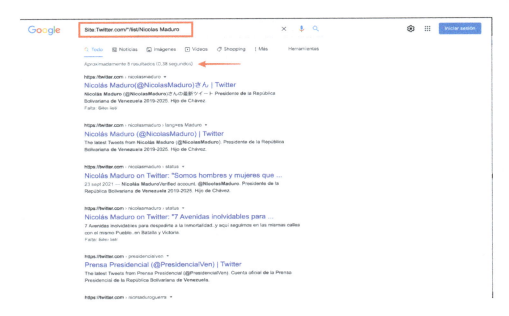

Los operadores son sensibles a las letras mayúsculas y minúsculas, por lo que se debe tener en cuenta para realizar las búsquedas, así cómo poner claves seguidas sin espacios, esto lo tomará como una sola clave o parámetro.

>Site:Twitter.com/*/lista/clave1 clave2

En Linkedin se puede obtener datos e información de empleados de una forma general realizando dorking, para poder hallar esas piezas de información en una investigación, se podría indicar al buscador lo siguiente:

>Site:linkedin.com/in Clave o parámetros
>Site:es.linkedin.com/in Clave o parámetros

Para ver el ejemplo con la empresa antes usada para fines formativos, escribimos en el buscador el siguiente comando:

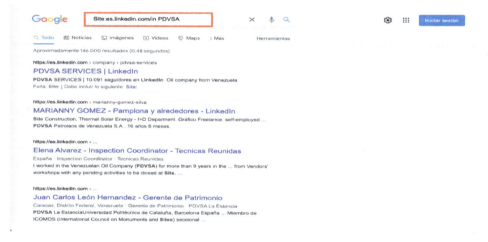

Todos los operadores de este capítulo han sido basados en búsquedas de información de personas y/o empresas, y aunque existen infinidad de comandos, operadores y técnicas dorking, se han seleccionado las más significativas para este campo de la investigación o análisis OSINT.

Se pueden descargar script para búsquedas de información con dork de manera más automatizada, o bien poder escribir un propio script con los parámetros necesarios. Para las investigaciones pueden hacer uso en sus investigaciones, pueden recurrir a GitHub, a la dirección directamente de *"osint people"* en Python:

Uno de los scripts que puede usarse para realizar obtención de información, realizando técnicas dorking, para Linkedin es *the-endoser,* y su descarga es muy sencilla; una vez en la web de GitHub, buscamos el nombre del script, si pinchamos en el enlace facilitado arriba, nos dirigirá directamente a los scripts de OSINT escritos en Python, pero si el analista o investigador prefiere otro lenguaje, podría seleccionar el que mejor le interese.

Para descargarlo, sería copiando a través de la línea de comando en el terminal con el comando *git clone,* que es la forma más sencilla, y se podría realizar en las máquinas virtuales Linux ya descargadas y configuradas en los capítulos anteriores.

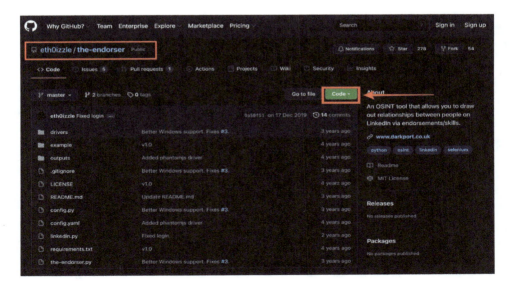

>git clone https://github.com/eth0izzle/the-endorser.git

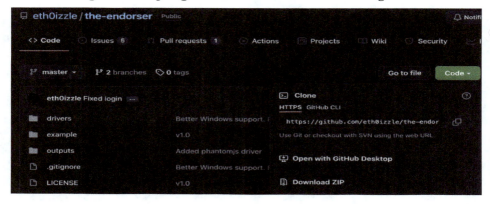

6.4: Web Archive (WayBack Machine):

Desde su creación en el año 1996 ha sido un servicio de referencia, saliendo a la luz en el años 2001, es único en grabado de archivos en bases de datos, conteniendo una gran cantidad de información como páginas web enteras. Usa diferentes métodos técnicos de consulta y grabado de los datos contenidos en internet, como el **crawling**, para los no familiarizados con este vocablo, diremos que es un rastreador de todo el contenido completo de una web, y lo realiza de forma automatizada.

Para comenzar a inspeccionar webs, en su forma original, o bien para comprobar que un dato fue cambiado por otro, o una información publicada que posteriormente fue eliminada, es una herramienta imprescindible para el investigador OSINT. Este servicio se halla en la dirección: **archive.org**

Tiene diferentes formatos de búsquedas, y en la actualidad incluso viene ordenador por temáticas lo que facilita bastante la labora investigativa, aunque si bien es verdad el buscador de términos es bastante bueno.

Es una herramienta que conviene usar y practicar con ella, pues en mi experiencia en una pericial compleja de eliminación de información de cuenta de Facebook, ya que fue un borrado realizado por un neófito, este individuo pensé que tan solo con eliminar de la cuenta de Facebook el origen de los problemas, estaba todo resuelto, lo que se conoce como un "delete" y "listo". Pues a este señor en tan sólo 30 minutos se le halló todo lo que borró de información, pues no supo que existe en internet el crawling, y existe la memoria caché de los buscadores, y otra serie de elementos que dan como consecuencia el que borrar en un sitio específico no quiere decir que necesariamente esté eliminado de la red, incluso hay que contar que **las noticias eliminadas** van a pasar a una base llamada Lumen (**lumendatabase.org**)

Para comprender mejor las bondades del servicio, se pondrá como ejemplo el caso de la masificación rusa [57]e intento de borrar de internet masivamente noticias, atendiendo a un abuso continuado de la DMCA (Ley de Derechos de Autor Digital), donde desde diferentes dominios, pero el mas usado fue news24.net, con un total de más de 89.000 avisos deliberados para intentar eliminar noticias, sin embargo, el investigador OSINT, Alana Prinzessin a través de la herramienta Lumen y WayBack Machine, halla que el dominio pertenece a rusia (news24.ru).

---

[57] https://www.lumendatabase.org/blog_entries/oligarch-abuse-part-1

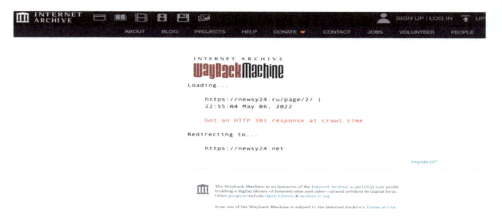

En la captura se observa que el dominio estaba redirigido al original de rusia. Entre otros recursos OSINT este es una de las herramientas online más efectivas a la hora de extraer información, incluso compararla con la información actual en diferentes páginas web.

En WayBack Machine se puede obtener incluso cuentas de Twitter, una forma sencilla de buscar elementos que también fueron cambiados, borrados o sencillamente eliminados; si el crawlin llegó a tiempo, quedó registrado en el archivo más grande de internet, archive.org, que pertenece a (ALA[58]). Si queremos asegurarnos tenemos la opción de hacer que se grabe alguna web que nos interese, en WayBack Mchiine existe la opción, para su posterior análisis. En el caso de Twitter, usaremos el ejemplo del ex presidente del Ecuador, Rafael Correa Delgado, directamente introduciendo la URL completa del usuario y la red social twitter, aunque también puede buscarse con otras diferentes.

---

[58] American Library Association. Fundada en 1876, y es una organización sin fines de lucro. Promueve bibliotecas a nivel internacional. WayBack Machine es socio y miembro activo de ALA.

Seleccionando la fecha que nos interese con respecto a la investigación y que esté activa, que se podrán obtener clicando en los diferentes círculos de colores que representan los días que están disponibles por año. En el ejemplo elegimos una captura del año 2011, donde observamos los tuits enviados, y los recibidos en su cuenta, además se puede seleccionar los diferentes eventos capturados. En el caso del ejemplo, se ha usado la red social Twitter, se podrá obtener los tuits que había ese día y a esa hora.

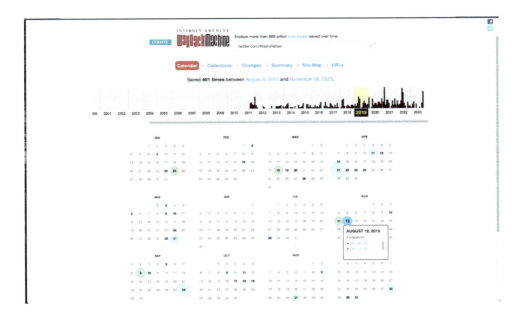

Como investigadores y analistas OSINT, se debe conocer el valor probatorio que esta herramienta tiene, y que ha sido ratificado en diferentes procesos judiciales, como método imparcial de comprobación y demostración de pruebas. En mi experiencia como analista de ciberinteligencia, y haber presentado informes periciales ante tribunales internacionales como nacionales en España, es de gran utilidad para mostrar elementos borrados, usos anteriores de dominios, noticias, blogs, imágenes y diferentes documentos que puedan ser de utilidad en una investigación, y que además según sentencias con la LEC (Ley de Enjuiciamiento Civil), se podría considerar a Internet Archive (archive.org) *como un tercero imparcial por carecer de vínculos con las partes,* aún más, es un servicio totalmente gratuito por lo que la opción de parecer como interés legítimo por una contratación queda descartada.

Si a todo esto le añadimos que el crawling se realiza de manera automática, la causa en un proceso judicial donde se presente los informes como analista y/o perito en ciberinteligencia, se entiende que esta herramienta no queda abierta a manipulaciones de terceras partes. Esta herramienta no es como la memoria caché de los buscadores, ya que su objetivo general no es facilitar un acceso a informaciones actuales, sino un elemento probatorio de datos que hayan podido ser modificados o borrados de manera consciente por alguna razón.

Si se quiere hacer uso de la virtualización de máquinas explicadas en este manual, se podría instalar el script WayBack Machine Downloader en Kali Linux o Parrot OS, e incluso LS-OSINT. La instalación y uso es muy sencilla.

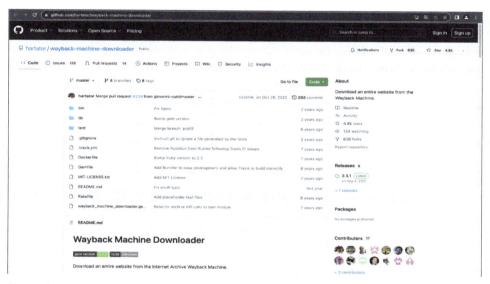

Se puede descargar directamente de la web de Github[59] donde se encuentra el script, este scrip se descargará en formato comprimido zip, o bien podemos directamente copiar el código de descarga en una terminal de Linux de la siguiente forma:

```
$sudo gem install wayback_machine_downloader
Fetching wayback_machine_downloader-2.3.1.gem
Successfully installed wayback_machine_downloader-2.3.1
Parsing documentation for wayback_machine_downloader-2.3.1
Installing ri documentation for wayback_machine_downloader-2.3.1
Done installing documentation for wayback_machine_downloader after 0 seconds
1 gem installed
```

---

[59] https://github.com/hartator/wayback-machine-downloader

Una vez instalada, su uso general es sencillo, solo se tendrá que introducir en la consola, el siguiente comando:

> **>wayback_machine_downloader https://web.xxx**

```
└──── $wayback_machine_downloader https://www.kali.org
Downloading https://www.kali.org to websites/www.kali.org/ from Wayback Machin
e archives.

Getting snapshot pages.$..........
```

Comenzará la descarga de manera inmediata, y se tendrá acceso offline a todo el contenido de la web que existe en los archivos, estarán las capturas de pantallas activas y por fechas, es decir, que se podrá navegar y los enlaces que apunten al exterior estarán activos.

```
└──── $wayback_machine_downloader https://www.kali.org
Downloading https://www.kali.org to websites/www.kali.org/ from Wayback Machine
archives.

Getting snapshot pages.$.............. found 48116 snaphots to consider.

6749 files to download:
https://www.kali.org/ -> websites/www.kali.org/index.html (1/6749)
https://www.kali.org/get-kali/ -> websites/www.kali.org/get-kali/index.html (2/6
749)
https://www.kali.org/docs/general-use/metapackages/ -> websites/www.kali.org/doc
s/general-use/metapackages/index.html (3/6749)
https://www.kali.org/docs/virtualization/install-qemu-guest-vm/ # Failed to open
 TCP connection to web.archive.org:443 (Connection refused - connect(2) for "web
.archive.org" port 443)
websites/www.kali.org/docs/virtualization/install-qemu-guest-vm/index.html was e
mpty and was removed.
https://www.kali.org/docs/virtualization/install-qemu-guest-vm/ -> websites/www
```

Existen muchos filtros que facilitarán al investigador hallar de forma mas precisa lo que se esté buscando para la investigación, como son los siguientes comandos:

Una URL específica, se introduciría de esta forma:

```
wayback_machine_downloader http://example.com ––exact–url
```

Si el investigador solo necesita archivos de tipo imagen:

```
wayback_machine_downloader http://example.com --only "/\.(gif|jpg|jpeg)$/i"
```

O si al contrario se prefiere tan solo excluir todo lo que contengan imágenes:

```
wayback_machine_downloader http://example.com --exclude "/\.(gif|jpg|jpeg)$/i"
```

Si el investigador pretende descargar todo lo que existe de una URL, se introduce el comando ALL.

```
wayback_machine_downloader http://example.com --all
```

Es importante para el analista y/o investigador o bien el perito en alguna causa que de toda la información que se vaya extrayendo se realicen capturas de pantallas, donde pueda verse sin lugar a duda de donde salió dicha información, incluso aconsejo cuando se haya información de interés disponible grabar los metadatos y realizar hash.

6.5: CanaryTokens:

No es lo inteligente que eres lo que importa, lo que realmente cuenta es cómo es tu inteligencia.

Howard Gardner

Para conocer el origen de la procedencia de *Canarytokens,* sorprende saber que nada tiene que ver con la informática ni la seguridad informática, su extensión de uso se hizo popular por la sensibilidad que tienen los *canarios* al detectar el metano y monóxido de carbono, por este motivo los mineros llevaban siempre consigo un canario cuando bajaban a la mina, puesto que hacía la función de *"avisador"* de presencia de este peligro humano.

En la actualidad, la función del canarytockens es alertar e informar de una actividad de nuestro interés, y que haya sido previamente definida en su configuración, para posteriormente poder subirlo o enviarlo estratégicamente.

Esta técnica consiste en la introducción de track invisible a modo de pixel, y puede usarse con diferentes formatos de archivos, como Word, por ejemplo, su función está basada en la localización o geoposicionamiento de la persona que abre el mensaje, una técnica muy usada para investigación OSINT, pudiendo además obtener más datos como la IP, tipo de navegador, incluso si el objetivo está usando TOR, y más elementos configurables.

Su configuración puede desarrollarse de forma manual con script y editando el código para generar los datos que sean de interés, o bien, haciéndolo con herramientas online, mucho más sencillo y eficaz para los analistas o investigadores que no sepan de programación, código o simplemente no quieran desarrollar un script para una investigación concreta.

Para comenzar, en la web de canarytokens.org[60] , se puede realizar y configurar un *canary* de diversos formatos, aunque el más recomendable para investigaciones será el Word o PDF, aunque hay objetivos que quizás no rechazarían un posible cliqueo en un enlace si se le da la *cobertura ideal con ingeniería social (SET).* [61]

En la web, se selecciona el tipo de token que se necesita para la investigación, dependiendo del perfil del objetivo, en el caso particular del ejemplo, seleccionamos el formato PDF, que como se ha mencionado suele ser el más habitual en las investigaciones.

En el (1) escribimos la dirección de mail o web donde se tenga acceso para comprobar la notificación del *canary;* en el (2) escribimos un recordatorio para identificar el canarytockens y de donde proviene dicha notificación, por si se envían más de una al mismo objetivo o a varios objetivos.

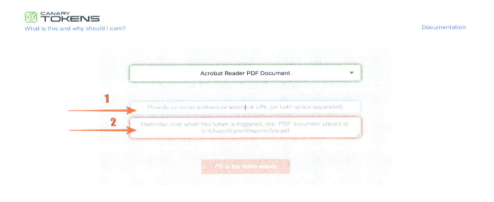

---

[60] https://canarytokens.org/generate
[61] SET: Social Engineering Toolkit. Herramientas para realizar rápido y sencillo vectores.

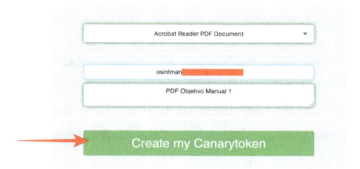

Introducidos los datos necesarios, clicamos en *"crear mi canarytoken"*, el script automático de la web creará uno, que será un archivo PDF, el cual puede ser enviado por mail o colocarlo en un servidor para su posterior apertura por parte del objetivo, usando como se ha mencionado anteriormente técnicas SET o una cobertura que el analista OSINT considere oportuna para el objetivo.

El token generado puede ser consultado y configurado desde la opción de *"manage this token"*, se podrá comprobar si ha sido abierto el archivo enviado, la direcciones IP, y detalles de localización del objetivo.

Se observa la información que ha llegado al correo electrónico facilitado, como en la zona de configuración en la web de canarytokens.org, que se ha obtenido en este caso la ubicación geográfica desde donde ha sido abierto el documento, la dirección IP, el navegador y por donde fue abierto (http), es decir ha sido descargado uy visto a través de *vista previa del navegador*.

Como analistas podemos descargarnos en formato *CSV* los *tokens* que hayamos enviado a los objetivos para integrarlos en nuestros informes después del análisis.

Con los datos de geoubicación se puede optar por buscar en *google maps* la zona donde posiblemente se encuentra el objetivo, la zona geográfica nos dará no sólo el lugar desde donde fue abierto, sino claves de los movimientos del objetivo, que conjuntamente con más herramientas se extrae las zonas de interés o lugares de reunión, de intercambio de información y cualquier dato relevante para el analista.

Se ha obtenido en este caso una ubicación realmente próxima, porque el objetivo no estaba usando una VPN, ni una conexión con enrutador TOR, además como se ha mencionado esta técnica si se acompaña o combina con otras herramientas como *Grabify*.

6.6. Sock Puppet

Más vale ser vencido diciendo la verdad, que triunfar por la mentira

Mahatma

Gandhi

El anglicismo *Sock Puppet*, significa literalmente, "muñeco de calcetín o títere hecho de trapos o calcetines"; para el lector que no esté familiarizado con estos términos en el entorno de OSINT, se definirá como *cuentas creadas con el propósito de engañar, manipular y cambiar opiniones en determinados lugares, como foros, cuentas de reseñas de productos, personas, campañas políticas o empresas.*

Se tiene constancia de las primeras cuentas títeres o Sock Puppet, en la era del marketing digital para realizar campañas masivas publicitarias de productos en líneas, su hallazgo y sus usos dio paso a una forma nueva de hacer política, que no es más que la conjunción del marketing digital, redes sociales y promoción política, como si fuese un producto de primera necesidad, todo esto de primera, parece sencillo, pero requiere de una serie de técnicas y tácticas bien definidas para conseguir desinformar al grupo a los que se dirigen.

Este tipo de técnicas se hacen más visibles en la propagación de campañas de *desinformación* y *fake news;* pero todo esto… *¿Cómo se usa para un analista OSINT?* Y lo más importante… *¿Cómo seguir e identificar a los actores detrás de una Sock Puppet?* Como analistas de Inteligencia de Recursos Abiertos, es probable que se solicite en algún momento la identificación de actores detrás de ciertas cuentas que usan el *"anonimato"* que brinda internet y las redes sociales para transgredir de diferentes formas a grupos, entidades o colectivos, o incluso a personas de interés político. No obstante, en este capítulo veremos cómo generar de forma rápida una cuenta Sock Puppet, y aunque para hacer seguimientos e investigaciones se necesiten algunas otras más, se servirán los lectores de estas funciones para poder interactuar con cuentas que se estén investigando, siguiendo y/o analizando. Se recomienda dirigirse a la web *datafakegenerator.com,* hay muchas otras web dedicadas a lo mismo, e incluso Script en Python que pueden descargarse para realizarlos directamente en redes sociales, o bien el PVACreator (pvacreator.com), que tiene funcionalidades muy interesante a la hora de llevar a cabo investigaciones con más de 3 cuentas Sock Puppet, que en el caso de ser cuentas creadas para este fin investigativo, se les puede denominar virtual humint, de hecho habría que mencionarlo en el informe OSINT que se hizo uso de virtual humint.

Una de las funciones interesantes de este software es la resolución de *captcha* de manera automática, aunque no siempre funcionan, debido a que debe estar configurado de manera eficiente entre nuestro navegador y las cuentas de creación; aunque como analistas ya se ha visto en el capítulo 7 la configuración propia de Proxy, Vpn y demás elementos de navegación segura, así como los *user-agent;* se conoce además que los bots de verificación que integran *machine learning* podrían detectar este automatismo. En la actualidad, puede funcionar el salto de *captcha* en un 76% de los casos; siendo esto una forma sencilla y rápida de obtener cuentas ya verificadas en diferentes redes sociales para usarlas como instrumentos de obtención de información, introducción en foros, post y señuelos como URL, QR, imágenes con introducción de script de seguimiento y localización, e incluso los CanaryTokens del capítulo siguiente.

En la web de PVACreator se puede leer el sistema que dicen usar para la resolución automática de las verificaciones de creación de cuentas.

Con respecto a datafakegenerator.com, elegimos la opción que nos interesa, en el caso concreto de este capítulo, seleccionamos *generador de identidad,* y el sistema muestra todos los datos relativos a una persona virtual y ficticia, obteniendo de forma automática una dirección mail incluso.

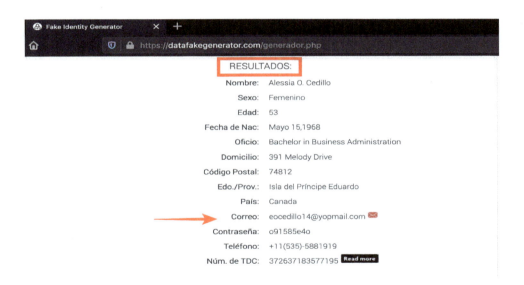

A partir de este paso se puede abrir cuentas en cualquier red social, y foros donde recibir los correos de verificación de cuenta, así como los propios de activación de las mismas.

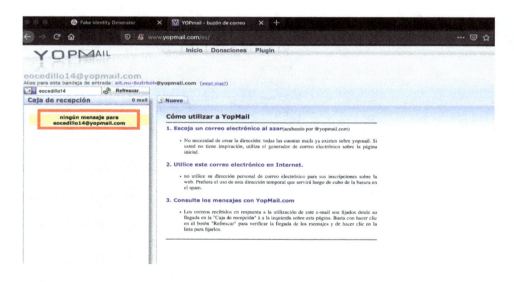

Como se puede observar en la imagen anterior, la cuenta de correo electrónico está totalmente funcional y operativa, para los analistas más atrevidos se podría realizar en Python un generador de este tipo, con bases de datos de nombres mas creíbles dependiendo de la zona donde se vaya a desarrollar las investigaciones.

Así Se debe saber que, si se creamos cuentas en una investigación para hispanos hablantes, y en zonas geográficas de América Latina o Hispanoamérica, lo recomendable es que la base de generación de identidades sea acorde y no levanten sospechas rápidas, sino no se tendrá la más mínima posibilidad de que se usen las diferentes técnicas definidas anteriormente, como ingeniería social con herramientas SET, CanaryTokens, Grabify, y enlaces con Script de *Geodata*[62].

---

[62] Elementos de código insertados, e introducidos con ayuda de SET y que reportan información y datos de geoposicionamiento del objetivo, IP, navegador e información accesible en ese momento.